小道迷子の
知ってトクする
台湾華語

渡邊豊沢 著
小道迷子 画

はじめに

　外国語にはそれぞれの特徴があり、その特徴をとらえて勉強すると上達しやすいといわれます。
　中国語の特徴は、なんといっても「シンプル」であること。
　例えば、英語で「彼」は「he」ですが、複数の「彼ら」は、「they」。「he」と「they」ではスペリングがまったく違います。一方、中国語では、彼＝「他」の後ろに「們」をつけるだけで、彼ら＝「他們」になります。また、「行く」の英語の現在形と過去形は「go」「went」ですが、中国語は「去」と「去了」のように、動詞の後ろに「了」をつけるだけで過去形になります。
　そして、中国語をマスターするための大きなポイントのひとつが「品詞」です。各品詞の使い方をおさえれば、簡単にセンテンスをつくることができるようになります。
　例えば、「彼はビールを飲む」＝「他喝啤酒」の否定形をつくるときには、副詞である「不」あるいは「沒」を使うのですが、英語や日本語では副詞の位置は一様ではない一方、中国語では副詞は、常に、動詞の前に置かれます（上の文の例なら、「他不喝啤酒」＝彼はビールを飲まない、「他沒喝啤酒」＝彼はビールを飲まなかった）。
　さらに、日本語では「食べに行く」といいますが、これを中国語でいうと、「去吃」（行く＋食べる）。「行く」が前、「食べる」が後ろです。なぜなら、「行かないと食べられない」から——そのような発想法がベースにあるのです。
　外国語を勉強するときは、このように、その国のものの考え方、発想法、文化を理解することで、学びやすくなり、楽しみながら上達することができるようになります。
　本書は、皆さんが楽しく、早く、台湾華語（台湾の中国語）をマスターできるように……との想いから生まれた１冊です。中国語の「シンプル」な特徴を踏まえた文法解説や、漫画のなかには、とりわけ台湾での表現法や文化、そして皆さんが大好きな食べ物にまつわる話題をふんだんに盛り込みました。
　漫画編で台湾の空気にどっぷり浸り、Stepスタディ編でみっちり文法を習得して頂ければと思います。
　2015年　夏

著者しるす

CONTENTS

はじめに ……1　　声に出して読みたい華語 ……4

● 漫 画 編 ● *9p*

第1話　QQ編　〜歯ごたえが、キュッ！〜 ……9
第2話　不會編　〜いえいえ〜 ……13
第3話　春節編　〜旧正月〜 ……17
第4話　「很」好吃編　〜「とても」おいしい〜 ……21
第5話　吃？喝？編　〜食べる？　飲む？〜 ……25
第6話　不用編　〜いりません〜 ……29
第7話　好久不見編　〜ひさしぶり〜 ……33
第8話　一雙編　〜左右一対のものを数える〜 ……37
第9話　老地方編　〜いつもの場所〜 ……41
第10話　包粽子編　〜チマキを作る〜 ……45
第11話　上街編　〜街に行く〜 ……49
第12話　怎麼走編　〜どうやって行くの？〜 ……53
第13話　「歲」編　〜「歳」〜 ……57
第14話　聽不懂編　〜聞いても理解できない〜 ……61
第15話　有口福編　〜ごちそうにありつく運〜 ……65
第16話　很會吃編　〜グルメ〜 ……69
第17話　哪裡哪裡編　〜いえいえ、たいしたことじゃないです〜 ……73
第18話　熱呼呼編　〜ほかほか〜 ……77
第19話　睡過頭編　〜寝坊〜 ……81
第20話　吃不…編　〜食べきれない〜 ……85
第21話　服務編　〜サービス〜 ……89
第22話　一點編　〜少し…〜 ……93
第23話　「敲」幾次編　〜何回「打つ」〜 ……97

登場人（動）物

♠チャンマオ
台北生まれ。台湾華語・台湾語・中国語の講師。趣味はお寺巡り

♦シャオミイ
前世は台湾人だと思っている日本人漫画家。台湾ベジごはんが大好き❤

● Stepスタディ編 ● *101p*

★**Step 1**　……102
〈1〉存在・所有の「有」／〈2〉動詞述語文と判断動詞「是」

★**Step 2**　……108
〈1〉数を問う「幾」／〈2〉数を問う「多少」

★**Step 3**　……114
〈1〉いろいろな量詞／〈2〉指示代名詞「這」（これ）と「那」（それ）

★**Step 4**　……118
〈1〉形容詞述語文「主語＋形容詞」／〈2〉形容詞の諸否疑問文（肯定＋否定）

★**Step 5**　……123
〈1〉名詞述語文…曜日のいい方／〈2〉名詞述語文…日付のいい方

★**Step 6** ……128
　〈1〉時間の表現（何時、何分）／〈2〉時間の長さ
★**Step 7** ……132
　〈1〉～〈3〉能願助動詞の「想」「要」(…したい)、「會」「能」「可以」(…できる)
★**Step 8** ……138
　〈1〉疑問代名詞「什麼時候」(いつ？) ／〈2〉疑問代名詞「哪裡」(どこ？)
★**Step 9** ……144
　〈1〉〈2〉疑問代名詞「怎麼」(なぜ？　どうして？　どのように～？)の使い方Ⅰ・Ⅱ
★**Step 10** ……148
　〈1〉過去・完了・実現の動態助詞「了」／〈2〉状態変化の語気助詞「了」
★**Step 11** ……152
　〈1〉連動文（…して～する）／〈2〉動詞＋「的」の文型
★**Step 12** ……156
　〈1-1～3〉「才」の使い方Ⅰ～Ⅲ／〈2-1〉「就…了」(もう、すでに…)／〈2-2〉「…了…就～」(…した後すぐに～する)／〈2-3〉「…了…就～了」(…した後すぐに～した)
★**Step 13** ……161
　〈1〉程度補語Ⅰ「得」(…するのが～だ)／〈2〉程度補語Ⅱ「形容詞＋得＋要命・要死・不得了」
★**Step 14** ……165
　〈1～4〉結果補語「完」or「好」／「在」／「到」／「懂」
★**Step 15** ……170
　〈1〉目的語をとらない方向補語（「去」or「來」など）／〈2-1～2〉目的語をとる方向補語①、②
★**Step 16** ……174
　〈1〉～〈2〉複合方向補語①目的語をとらない場合／②目的語をとる場合
★**Step 17** ……178
　〈1〉可能補語「得」(…できる)／〈2〉可能補語を用いる文の疑問形
★**Step 18** ……182
　〈1〉時量補語（動詞＋時間の長さ）／〈2〉動量補語「次」(動作の回数)／〈3〉動態助詞「過」（経験を表す）
★**Step 19** ……187
　〈1〉動態進行形「在」／〈2〉静態進行形「著」
★**Step 20** ……192
　〈1〉目的語を動詞の前に引き出す「把」／〈2〉「把」を用いた文の否定形／〈3〉動詞の重複／「一下」(ちょっと)
★**Step 21** ……197
　〈1〉比較文の「比」(…より)／〈2〉程度補語を用いた比較文／〈3-1〉数量補語を用いた比較文／〈4〉「一點」「一些」(少し)を使った程度補語比較文
★**Step 22** ……201
　〈1〉比較文の「跟…一樣」(…と同じ)／〈2〉比較文の「…有…這麼（那麼）～」(…は…ほど～、こんなに《あんなに》)／〈3〉程度補語を用いた比較文
★**Step 23** ……206
　〈1〉～〈3〉使役文「讓」「叫」「請」(…させる)／〈4〉受け身の「被」「讓」「叫」(…される)

● **単語ノート編** ● *213p*

単語ノート①　華語の基本品詞と例 ……214　　単語ノート②　日常基本単語 ……219

「声に出して読みたい華語」～華語のキモとココロ～

★「四声」を制する者、中国語を制す！？★

「中国語の発音は難しい！」「正しく発音しているつもりなのに、ネイティヴになかなか通じない」——と、中国語を少し学んだ方からよく聞かれます。
　何がそんなに中国語の発音を難しくしているのでしょうか。
　その「犯人」は、中国語の発音の「四声」です。

　中国語の発音記号といえば、ローマ字表記の「拼音字母（ピンイン）」を思い浮かべる方も多いと思いますが、その母音のローマ字の上に、「-」「´」「ˇ」「ˋ」の記号が添えられていますね。これが「四声（声調）」です。
　四声のどのパターンで発音するかによって、単語の意味がまったく違ってしまうのが、中国語の大きな特徴のひとつ。
　例えば、ローマ字表記では同じ「mai」でも、「mǎi（第三声）」なら「買（ㄇㄞˇ）＝買う」で、「mài（第四声）」なら、「賣（ㄇㄞˋ）＝売る」。なんと、真逆の意味になってしまうのです。
　また、日本語的に発音すると「タン」となる単語には、スープ「湯（ㄊㄤ）（tāng）（第一声）」と、砂糖「糖（ㄊㄤˊ）（táng）（第二声）」があります。「スープを飲む」＝「喝湯（ㄏㄜ ㄊㄤ）（hētāng）」ですが、この「湯」の四声を第二声で間違って発音してしまうと「喝糖（ㄏㄜ ㄊㄤˊ）（hētáng）」＝「砂糖を飲む」ことになってしまいます。
　それゆえ、声調を正しく発音しないと会話が通じなくなり「中国語って難しい！」となってしまうのです。
　けれど逆にいえば、この中国語の「心臓」のような四声（声調）を理解し、発音をきちんとマスターさえすれば、飛躍的に中国語は上達します。

★漢語と華語、「拼音字母」と「注音符号」★

　ところで、中国では発音記号に「拼音字母（ピンイン）」が用いられていますが、台湾では、旧い時代からある「注音符号（チュウイン）」が、今でも使われています。
　さらに、中国では文字表記も「簡体字」という簡略化された漢字が使われていますが、台湾では未だに、「繁体字」という古来の漢字が使われています。

繁体字は、第二次世界大戦終戦前まで日本で使われていた旧字体に似ていますが、必ずしも同じではありません。

このように、主に中国で用いられる、簡体字表記＆拼音字母による発音表記が行われる中国語を「漢語」、台湾で用いられる、繁体字表記＆注音符号による発音表記が行われる中国語を「華語」と呼んでいますが、本書の漫画のなかに登場する中国語も、本書後半のStepスタディ編（文法解説編）も、すべてこの「華語」を用いています。

ですので、本編に入る前にまずはここで、「華語」の「肝（キモ）」ともいえる「注音符号」と、「心（ココロ）」ともいえる「四声」について、以下の基本をしっかり押さえておいて頂ければと思います。

1）「注音符号」と「拼音字母」（詳しくは「注音と拼音の一覧表」〈→7頁〉参照）

先述の通り、華語の発音記号は「注音符号」（ㄅㄆㄇㄈ　ボポモフォ）と呼ばれるもので、これには、基本となる子音（声母）が21個、母音（韻母）が16個あります。

一方、漢語の発音記号の「拼音字母」（bo po mo fo　ボポモフォ）では、基本の子音は注音符号同様21個ですが、母音は38個あります。

2）声　　調

子音（声母）と母音（韻母）だけでは正確な発音はできません。繰り返しになりますが、正確な発音には「四声」が必要です。

四声とは4つの声調（トーン）で音の高低、長短の違いで語彙の意味を区別します。例えば、売買の華語は「買賣」「ㄇㄞˇㄇㄞˋ」で、漢語では「买卖」「mǎimài」となります。

3）4つの声調（4声）

華語にも漢語にも4つの声調（第一声、第二声、第三声、第四声）がありますが、それぞれの発音記号に相違があります。

まず華語（注音符号）では、第一声は「記号なし」、第二声は「ˊ」、第三声は「ˇ」、第四声は「ˋ」、そして四声のほかに、声調がなく弱く短い音で発音される軽声を「・」で表記します。

一方、漢語では、第一声「-」、第二声「ˊ」、第三声「ˇ」、第四声「ˋ」で表し、軽声は「記号なし」です。

実際に、8頁のイラストなども参考にしながら、「音（声）に出して」練

習して、正しい発音法をしっかりマスターしてください。

★華語（中国語）の文法の基本は「S + V + O」★

　詳しくは、本書後半の文法編で説明していくことになりますが、華語の基本は「主語 + 動詞 + 目的語」です。

　主語や目的語になるのは、主に物・事柄を表す「名詞」ですが、この物・事柄をより具体的に表すために使われる形容詞や数詞等、動詞によって表される状況や動作などをより具体化するために使われる副詞、その他、日本語の「〜で」に当たるような前置詞、文と文をつなぐ接続詞、疑問文で用いられる疑問代名詞……等々、華語の文は様々な「品詞」によって構成されています。

　それぞれの品詞の使い方や文中での「位置関係」などを、体系的に学んで理解しておくことも大切です（本書のStepスタディ編でぜひ学んでください）。

　また、各品詞の役割と例を、巻末の「単語ノート」にまとめています。「単語ノート」では、華語マスターの重要なポイントのひとつである「品詞」ごとに単語を分類しているほか、主な日常会話用語も満載です。

　学習の際にはもちろん、実際に台湾に行かれたときなどにも多いに活用して頂ければと思います。

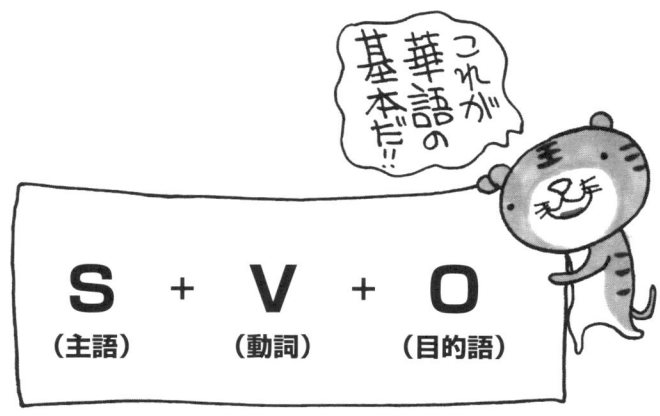

【注音と拼音（ピンイン）の一覧表】

注音（子音）	拼音（声母）	注音（母音）	拼音（韻母）	注音（組音）	拼音（組音）
ㄅ	b	ㄚ	a	ㄧㄚ	ya, -ia
ㄆ	p	ㄛ	o	ㄧㄛ	yo
ㄇ	m	ㄜ	e	ㄧㄝ	ye, -ie
ㄈ	f	ㄝ	ê	ㄧㄞ	
ㄉ	d	ㄞ	ai	ㄧㄠ	yao, -iao
ㄊ	t	ㄟ	ei	ㄧㄡ	you, -iu
ㄋ	n	ㄠ	ao	ㄧㄢ	yan, -ian
ㄌ	l	ㄡ	ou	ㄧㄣ	yin, -in
ㄍ	g	ㄢ	an	ㄧㄤ	yang, -iang
ㄎ	k	ㄣ	en	ㄧㄥ	ying, -ing
ㄏ	h	ㄤ	ang	ㄨㄚ	wa, -ua
ㄐ	j	ㄥ	eng	ㄨㄛ	wo, -ou
ㄑ	q	ㄦ	er	ㄨㄞ	wai, -uai
ㄒ	x	ㄧ	yi, -i	ㄨㄟ	wei, -ui
ㄓ	zhi(i)	ㄨ	wu, -u	ㄨㄢ	wan, -uan
ㄔ	ch(i)	ㄩ	yu, -u/ü	ㄨㄣ	wen, -un
ㄕ	sh(i)			ㄨㄤ	wang, -uang
ㄖ	r(i)			ㄨㄥ	weng, -ong
ㄗ	z(i)			ㄩㄝ	yue, -üe
ㄘ	c(i)			ㄩㄢ	yuan, -üan
ㄙ	s(i)			ㄩㄣ	yun, -ün
				ㄩㄥ	yong, -iong

【四声の表記比較表】

四声	漢字例	品詞	意味	注音	拼音（ピンイン）
第一声	八	（数）	（数字の）8	ㄅㄚ	bā
第二声	拔	（動）	抜き取る	ㄅㄚˊ	bá
第三声	靶	（名）	（射撃や矢の）標的	ㄅㄚˇ	bǎ
第四声	罷	（動）	中止・止める	ㄅㄚˋ	bà
軽声	吧	（名）	（推量・提案などの）語気助詞	・ㄅㄚ	ba

【声調の発音方法】

第一声	高平声	（高いトーンのまま平らに）
第二声	平高声	（低いトーンから高いトーンへ）
第三声	低昇声	（低くおさえてから上がる）
第四声	高去声	（高いトーンから下がる）

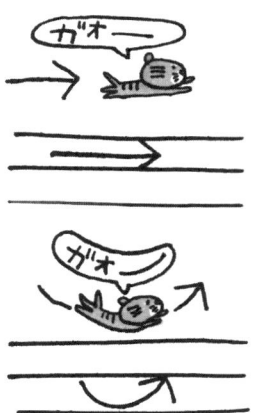
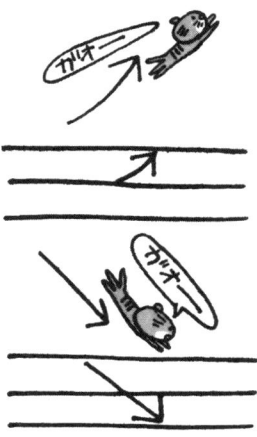

第1話 QQ編
～歯ごたえが、キュッ！～

知っとくとちょっとトクする華語表現 ①

說說「口感」

食感を表す言葉

kǒu gǎn
口感
（食感）

キュ nèn
Q 嫩
（キュッとして歯ごたえのある）食感
たとえばタピオカや愛玉

qīng wā xià dàn
青蛙下蛋
（タピオカ入り飲料）

ài yù bīng
愛玉冰
（愛玉の実から作ったゼリー）

❤次頁漫画の華語表現をもっと楽しむために……Stepスタディ編のココを学んでおこう！
☞Step19〈2〉(動作や状態の持続→P189)「巧克力流著」

第1話「QQ編」
知っとくとちょっと**トクする**
「今どきの台湾事情」①

第2話

不會 編
～いえいえ～

知っとくとちょっとトクする
華語表現 ②

謝る意味じゃない「すみません」

♥次頁漫画の華語表現をもっと楽しむために……Stepスタディ編のココを学んでおこう！
☞ Step1〈1〉〈存在の「有」→P102〜〉「沒有白吃的午餐」

第2話「不會編」
知っとくとちょっと**トクする**
「〜いえいえ〜」②

春節 編
~旧正月~

知っとくとちょっとトクする
華語表現 ③

おめでたいときに使う言葉

Gōng xǐ fā cái
恭喜發財
（おめでとう）

Gōng xǐ gōng xǐ
恭喜恭喜
（おめでとう）

春節 旧正月によく使うあいさつ

囍 おめでたいときによく使うあいさつ

❤次頁漫画の華語表現をもっと楽しむために……Stepスタディ編のココを学んでおこう！
☞Step5〈2〉(日付の言い方→P125)「初一」「初二」

第3話「春節編」
知っとくとちょっとトクする
「今どきの台湾事情」③

第4話 「很」好吃 編
～「とても」おいしい～

知っとくとちょっとトクする
華語表現 ④

第4話「「很」好吃編」
知っとくとちょっと**トクする**
「今どきの台湾事情」④

第5話 吃？喝？編
～食べる？ 飲む？～

知っとくとちょっとトクする
華語表現 ⑤

❤次頁漫画の華語表現をもっと楽しむために……Stepスタディ編のココを学んでおこう！
☞Step7〈1〉(「想」(…したい)→P132～)「我想吃」、Step2〈1〉(数字の表し方→P111
～)「九百六十元」「一千零一元」「兩百元」

第5話「吃？喝？編」
知っとくとちょっとトクする
「今どきの台湾事情」⑤

不用 編
~いりません~

知っとくとちょっとトクする
華語表現 ⑥

❤次頁漫画の華語表現をもっと楽しむために……Stepスタディ編のココを学んでおこう！
☞Step7〈2〉(「要」(…したい)の否定形→P134)「不要」

第6話「不用編」
知っとくとちょっと**トクする**
「今どきの台湾事情」⑥

第7話 好久不見 編
～ひさしぶり～

知っとくとちょっとトクする
華語表現 ⑦

※台湾語では「ゴザビ」と読む

臺灣古早味

台湾伝統の味

gǔ zǎo wèi
古早味
（伝統の味）

古早味豆花

自然風味　創意　古風
外帶區
古早味豆花

お店に「古早味」とかいてあったらそれは「伝統の味」だよ

♥次頁漫画の華語表現をもっと楽しむために……Stepスタディ編のココを学んでおこう！
☞Step 1〈1〉、〈2〉（「沒」と「不」の使い分け方→P103～）「不喝酒」「沒喝酒」

「没」には自分の意思はないけど「不」には自分の意思がこもっています
ベジプル小籠包
つまり「没」が客観的…「不」が主観的
今日のシャオミイはサエてますね
ベジ餃子
たとえば「不喝酒」（酒を飲まない）は自分の意思で決める
「没喝酒」は誰が見ても私はお酒を飲んでいない
おいしい小菜たち
で…「好久不見」と「好久没見」の使い分けは？
ベジ包子
ごまダレ麺
礼儀的には「好久没見」の方がいいかもね
「好久不見」だと自分の会わない主観意思が入ってるから
ショウガたっぷりでいただきます
え〜っ今までずーっと「好久不見」使ってたよ
台湾はいいね小籠包のお店でもちゃんとベジメニューがある
肉好きの友だちとも一緒に食べられるー
肉がうすくてもちもちでおいしい〜っ
これなに？
チャーハンの上に肉がどーんとのってる…
さすが台湾すげーメニュー
どーん
たとえチャーハンでも
「好久不見」
台湾ではお肉でごはんがみえないのはあたり前
今はベジ猫のチャンネル大
あー
昔はよくくってたのね…
今話のポイント
hǎo jiǔ bú jiàn
好久不見
ひさしぶりです
客観
主観
hǎo jiǔ méi jiàn
好久没見

「久しぶり」でも……
「SOGO」の地下にある鼎泰豐
ここはいつも混むからね
ここで小籠包を作ってる
少し早めに来て整理券もらわないと…
整理券1時間待ちはあたり前
台湾限定
鼎 DIN ディン
泰 TAI タイ
豐
鼎泰豐
202
デパートぶらついて来たけど順番まだー？
ちょーど番が来ました
201
待ち合わせしてたチャンマオのお兄さん一家も来たよ
兄一家は今はアメリカに住んでます
「好久不見(ハオジョウブージエン)」
ひさしぶりです
…
はじめてなのに好久不見っすか？
あ…前に写真でおめにかかったことがあったから
「好久没見(ハオジョウメイジエン)」
ひさしぶりです
はじめてなのに…
「なるほどザ台湾」読んでたから
あれ？チャンマオ「好久不見」と「好久没見」どう違うの？
シャオミイ気がつきましたか
エライ！
気がつくよ

第7話「好久不見 編」
知っとくとちょっとトクする
「今どきの台湾事情」⑦

台湾のベジ事情

たとえば小籠包の店 鼎泰豐 (Dǐng tài fēng)

小籠包 (Xiǎo lóng bāo)

やっぱり台湾に来たら

ねじつは

素餃 (Sù jiǎo)
(ベジ餃子)

え？

ここにはこれもあります

中身は高菜、シイタケなどです

うん、おいしい！

交互に食べるとおいしーよー

ぱく ぱく ぱく

小姐！もう一人前ください～

第8話 一雙 編
～左右一対のものを数える～

知っとくとちょっとトクする華語表現 ⑧

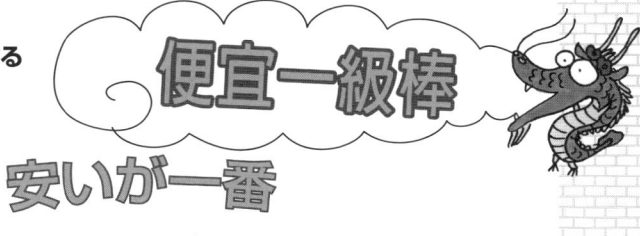

便宜一級棒

安いが一番

拍賣 (pāi mài)
（バーゲンセール）

七折 (qī zhé)（3割引き）

八折 (bā zhé)（2割引き）

不二價 (bú èr jià)（値引きなし）

買二送一 (mǎi èr sòng yī)（ふたつ買うとひとつ無料）

❤次頁漫画の華語表現をもっと楽しむために……Stepスタディ編のココを学んでおこう！
☞ Step3〈1〉（いろいろな量詞→P114～）「一雙」「一對」

台湾では6月の花嫁が一番綺麗
六月新娘最美麗
年末に結婚するとお金があってもなくてもよい年を迎えられると言われています
有錢沒錢 娶個老婆 好過年
中国の昔のお金のおき物
元寶
エンギもの
帰り道
あ！スリッパ売りの屋台だ
家のスリッパ買ってこーっと
一足いくら？
「一雙（イーショアン）多少錢（ドゥオシァオチエン）？」
七十塊
5足買ったら1足プレゼントっすよ
5足もいらないよ
買五送一
那↑じゃ
「買一對（マイイードェイ）吧（バ）！」
え？「一對」って？
「對」だからペアで買ったらどうですか？ということっすよ
男女一足ずつ……
いらない一足だけでいいよ「一雙」
Sサイズ
わたしの分も買ってくれちゃってもいいすよ
どう見てもチャンマオのサイズないよ
日本
台湾で買ってきたスリッパははだしで歩いてるみたいで快適だった～
安あがりな女
足形になってるからフィット感バツグン
スタスタ～
今話のポイント（量詞）
yì shuāng 一雙 ㄧˋ ㄕㄨㄤ
同じふたつの物 左右対称の物
yí duì 一對 ㄧˊ ㄉㄨㄟˋ
ふたつでひと組

★今話のゲスト：

屋台のスリッパ売りのおじさん

ペアはペアでも
チャンマオの知り合い陳さん家の寝室拝見
おお～っすごい～っ
美しすぎる～っ
まるで芸能人みたい～
チャンマオ
台湾の夫婦の寝室ってこんな写真飾るの？
はぁ～
まー台湾じゃ結婚記念の美しい写真を百枚撮るのは珍しくないよ
あの新郎は…新婦
←陳さん
「那雙新娘新郎是…」
その量詞「雙（ショアン）」の使い方ヘン
失礼
え？
あれぇ～
「雙」はふつうセットの時使うんじゃなかったけ？
一雙鞋子（くつ）
ひとつ
ふたつ
量詞の「雙」は同じ2つの物または左右対称をなす物のときに用いるよ
左右対称
わたしたち左右対称じゃないハハハ
夫婦の場合量詞は「對（ドェイ）」を用います
「一對（イードェイ）夫妻（フウチィ）」
そうかふたり（ふたつ）で一組のものだね
夫妻茶わん一對
「那對（ナアドェイ）新娘（シンニアン）新郎是（シンランシー）…」
それはもっと失礼…
ちなみにイヤリングは（對）

第8話「一雙編」
知っとくとちょっと**トク**する
「今どきの台湾事情」⑧

第9話 老地方 編
~いつもの場所~

知っとくとちょっとトクする
華語表現 ⑨

腳踏車環保讚！

台湾では環境にやさしい自転車ブームです

mó tuō chē
摩托車
(バイク)

jiǎo tà chē
腳踏車
(自転車)

Lǎo dì fāng jiàn
老地方見!
(いつもの場所でね！)

❤次頁漫画の華語表現をもっと楽しむために……Stepスタディ編のココを学んでおこう！
☞Step6〈1〉(時間の表現→P128～)「十一點」、Step12〈1-1〉(「才」(やっと、ようやく))
→P156～)「才到」

台湾 いつ来たのー
おととい
ぶー
いつ 帰るの ー？
あさってー
このくらいの中国語ならわかる
わたしの 友達も 日本に行って なんだかんだ こんなんだ
ペラ
ペラペラ
ふ〜ん
よくわかんないけど 相づちをうつ
ふ〜ん ふんふんふん〜
ついたよ
バイバーイ
ぶー
ありがとー
超おしゃべりな 運転手さんだったな
六福客棧
えっ？
違う—
ここじゃなーい！
六福 皇宮って 言ったのに ーっ
タクシーまたひろわなくちゃ！
妳現在才到（ニィ シェンザイツァイタオ）
やっと着いた
だいたい 同じ六福が つくなんて まどろっこしいよ
ちゃんと言ったの？
タクシーが おっちょこちょい
メモも みせたよー
あーあ もうこんな時間 レストラン 混んじゃいますよ
チャンマオ
「老餐廳（ラオツァンティン）」に行こう！
老餐廳は 老舗の意味
え…？ いつものレストラン って意味にならないの
「老」つければいいってもんじゃないんだよ
ママー
チャンマオ 「老料理（ラオリアオリー）」が 好きだね—
そんなことばは ないです
三杯猴頭菇
いつものメニュー
『老』の乱用はやめましょう
今話のポイント
lǎo dì fāng 老地方
いつもの場所
lǎo shí jiān 老時間
いつもの時間

★今話のゲスト： 三杯猴頭菇 猴頭菇(キノコ)をショウユ・バジル味で煮こんだもの

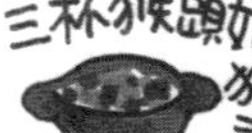

第9話

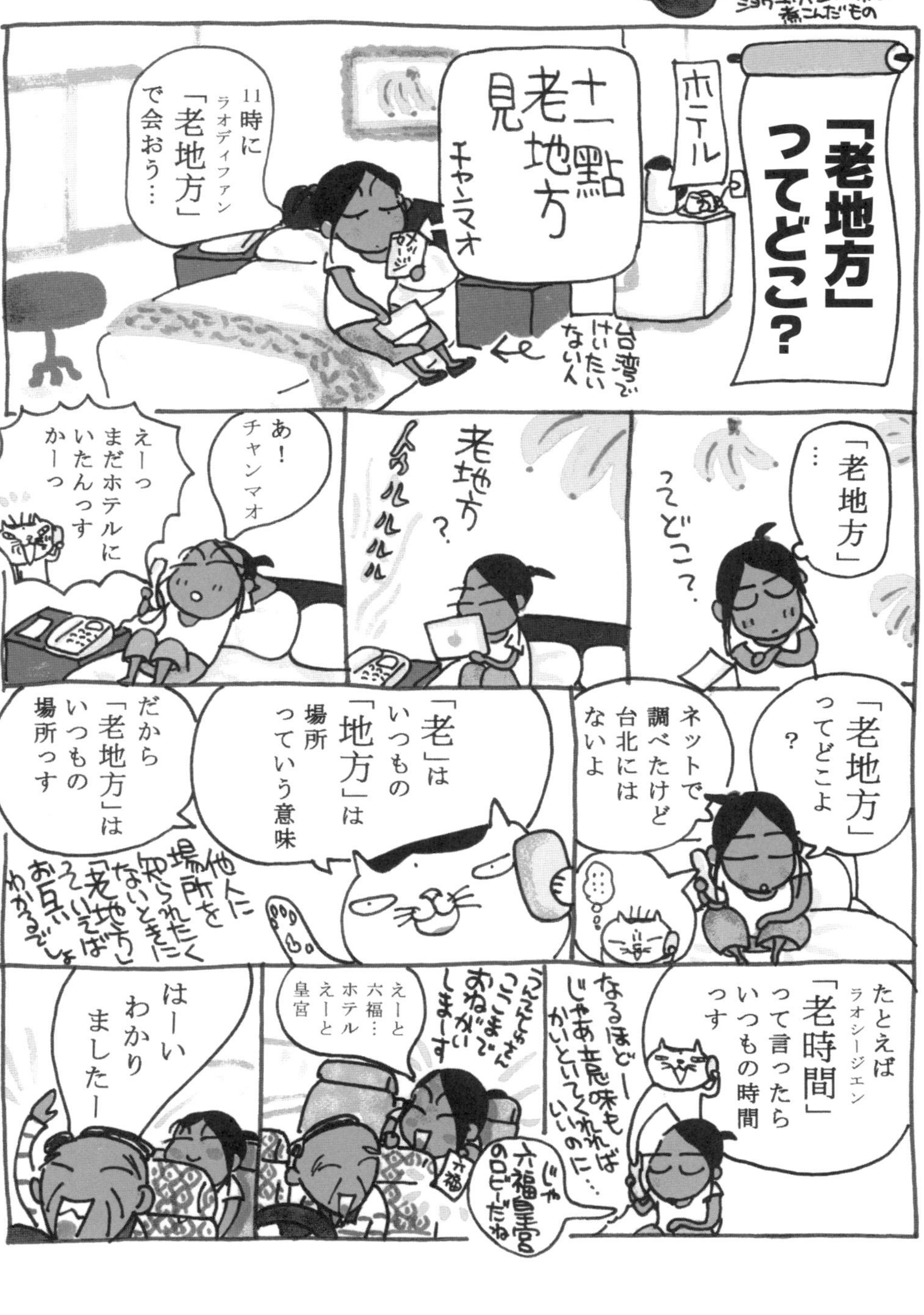

第9話「老地方編」
知っとくとちょっとトクする
「今どきの台湾事情」⑨

ボランティアがさかんな国

Zhì gōng
志工
（ボランティア）

チャンパパは今なにをしてるの？

※「義工」ともいうが義務的ないい方なので今は「志工」の方が多い

台湾ではリタイアしたあとも美術館でボランティアの仕事をしてるんじゃ

安本通訳

ボランティアの仕事をする人が多い

Tái běi shì lì měi shù guǎn
臺北市立美術館

あの人は資産家のお嬢さん

おとなりはお医者さんの奥さん

台湾では駅や観光地にもあちこちにボランティアがいるよ

みんなボランティー

第10話 包粽子 編
~チマキを作る~

知っとくとちょっとトクする華語表現 ⑩

包車一日遊

車で観光したいとき

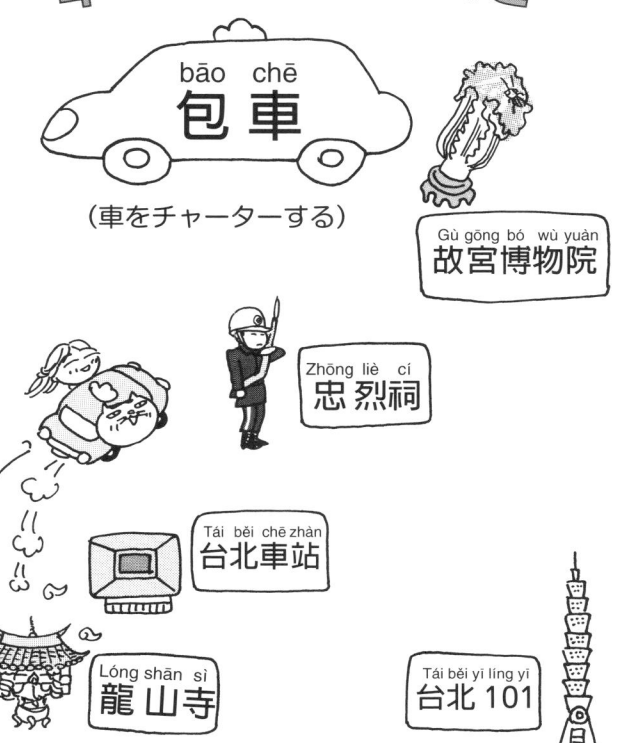

bāo chē
包車
(車をチャーターする)

Gù gōng bó wù yuàn
故宮博物院

Zhōng liè cí
忠烈祠

Tái běi chē zhàn
台北車站

Lóng shān sì
龍山寺

Tái běi yī líng yī
台北101

♥次頁漫画の華語表現をもっと楽しむために……Stepスタディ編のココを学んでおこう！
☞ Step19〈1〉(動作が進行中→P187～)「她們在做什麼」

ナルホド…
手を洗う
たとえば餃子も同じ包むから…
じゃ
「包餃子」
バオジアオズ
だね
まぁチマキも包むなぁ
ふつうは
「包水餃」
バオシェイジアオ
です
水餃子がほとんどっすから…
チマキの葉をロート形に巻いたものに
生の餅米とピーナッツをまぜたものを
気前よくど～んとつめこむ
ど～ん
ちまきの具は煮た干しシイタケ肉・エシャロットたまごの黄身などなど
具も気前よくいくよー
折る
両はしの余った部分を折る
先端部分を折りたたむ
できたーはじめてにしては上出来だねー
ポロ…
はじめてにしてはまあそれなりで…
それ三角じゃないっす
そういえば以前にどこぞのおばさんが作ってくれたチマキの形って
タワラ形
だったよね
あれは上海式です台湾式は三角形
あと大陸のチマキは餅米に醤油味がついてます
ちなみにわたしはチマキに甜辣醤のソースをかけて食べるのが好き
ナルホド…
にゃおー五穀米のベジチマキもあります
買って行きましょう
ベジがあるなんて
やっぱり台湾だね
ポロ…
ところであたしが作ったチマキの運命どーなんの?
たぶん店の人が食べるんっすよ
たぶん…
粽子
今話のポイント
bāo zòng zi
包粽子
bāo shuǐ jiǎo
包水餃

★今話のゲスト：

チマキ作りのおねえさん

餃子は「包む」
屏東
朝早くから豆漿と米漿と油條と…朝食だー
「她們在做什麼」(ターメンザァイ ズオシエンモ)
彼女たちなに作ってるの？
ぐるぐるぐるぐるぐるぐる
あーチマキっすよ「粽子」(ソォンズ)
端午の節句にはまだ早いけどねー
ぶら～ん
台湾では普段でもチマキを食べますよ
大量だね～
どへ～ん
ここのチマキは屋台などに卸してるそうです
だから大量
でもその辺のおばさんが買いに来てるよ
ほかほか
1個でも2個でも売ってくれるよ
それも安い!!
台湾は日本と違って融通がきくの
ホントっ？
日本から来たまんが家って言ったらチマキ作り体験させてくれるって
你好
えっ？わたしが作っていいの？
「做粽子」(ズオゾォンズ)
チマキを作る
「做粽子」ちょっとヘン
だって「做」は作るって意味でしょ
正しくは
「包粽子」(バオゾォンズ)です
チマキを包む
チマキは葉っぱで巻くでしょ

第10話「包粽子編」
知っとくとちょっと**トクする**
「今どきの台湾事情」⑩

お茶も温泉も…

チャンマオ家

Pào chá
泡茶 (茶を入れる)

お茶を「入れる」は「泡」なんだ

Pào kā fēi
泡咖啡 (コーヒーを入れる)

じゃ珈琲は?

明日は北投温泉に行こうと思ってるんだ

北投の街をぶらつくの?それとも…

Pào wēnquán
泡温泉? (温泉に入るの?)

温泉に入るのもお茶やコーヒーと一緒なんだ…

第11話 上街 編
～街に行く～

知っとくとちょっとトクする
華語表現 ⑪

心亂跳的時候

❤恋愛のきっかけは…

chù diàn
觸 電!!
(ビビッときた!!)

あれマネキンですよ…

Yí jiàn zhōng qíng
一見 鍾 情❤
(ひと目ボレ)

彼氏いるよ
彼女…

❤次頁漫画の華語表現をもっと楽しむために……Stepスタディ編のココを学んでおこう！
☞ Step8〈2〉(「哪裡」《どこ？》→P141～)「吃完以後去哪裡」、Step14〈1〉(結果補語「完」動作の結果がどうであるか→P165～)「吃完以後去哪裡」

「上洗手間」なら用を足すという意味があります
そんな具体的になっちゃうの
「去洗手間」ならただ単にお手洗いに行く他の目的があって行くというニュアンスもあります例えば
化粧なおしか
歯みがき
ほかに「上」は受ける乗る登るなどの意味もあるよ
上課（授業をうける）
上山（山にのぼる）
上車（車にのる）
あ…いない…
あ…もどってきた…
明日はバスに乗って山のほうにでも行きますか？
え？山？山道は酔いやすいからなあー
乗りものによわい
shàng chuáng
ピンイン
車よりひどいのかな…
…
え？
「上床」？
そうだよなんでそんなに驚くの？
？
「上床」はベッドに上がる異性と寝るという意味もあります…
え？わたしは船に乗ったとたんすぐに酔っちゃう！
って言おうと思ったんだよ
それは「上船」Shang chuan シャオミイは今「上床」Shang chuang と言いました
あ…発音ビミョーに違うんだ
あーコワイ中国語の発音コワイ…
❤今話のポイント
街に行く
shàng jiē
上街
shàng xǐ shǒu jiān
上洗手間
トイレに行く
用を足す

第11話

★今話のゲスト：奶酥パン　濃厚パサパサミルクパン

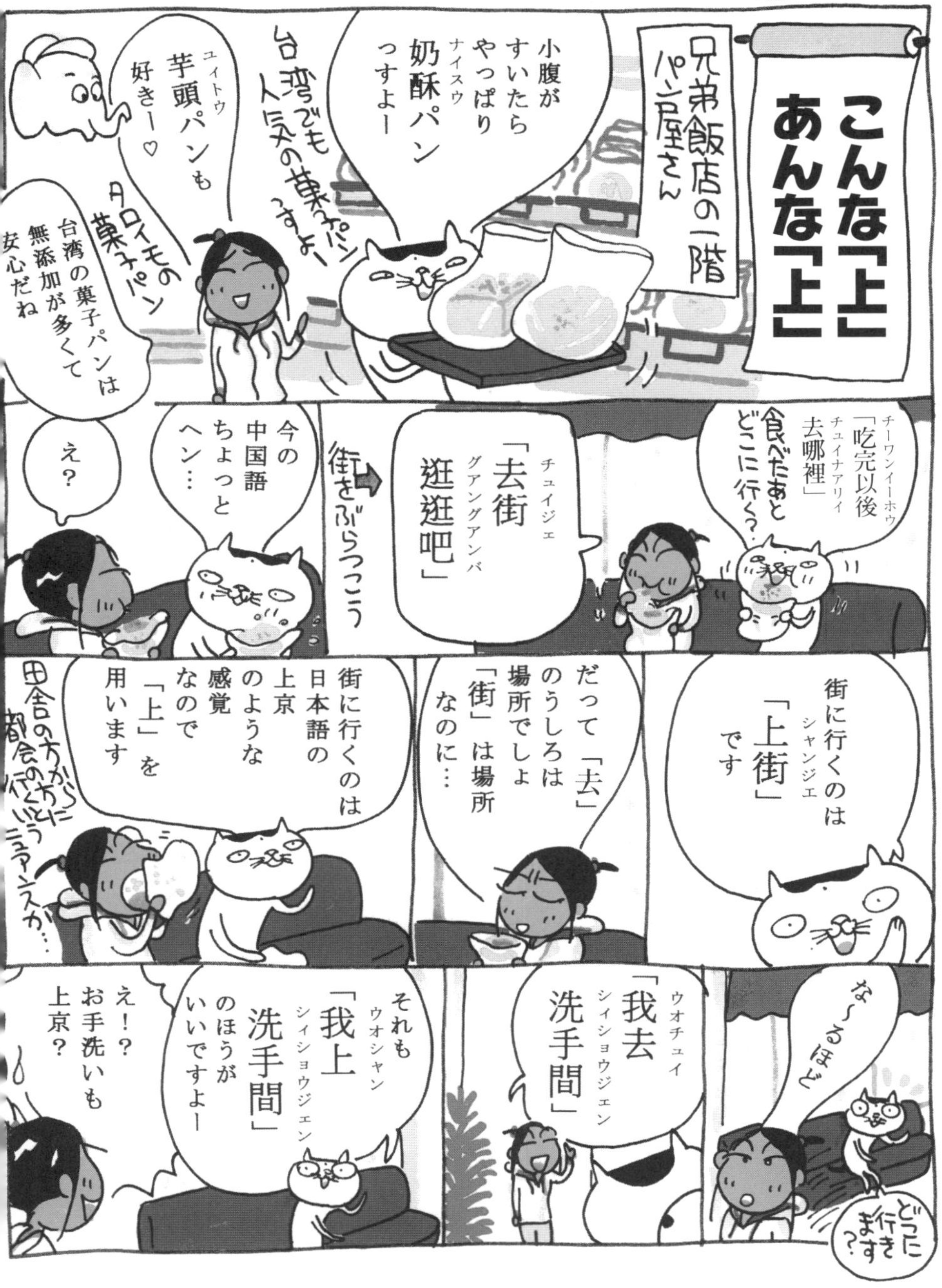

第 11 話「上街編」
知っとくとちょっとトクする
「今どきの台湾事情」⑪

第12話 怎麼走 編
～どうやって行くの？～

知っとくとちょっとトクする華語表現 ⑫

台流偶像

台流アイドル

ǒu　xiàng
偶　像
（アイドル）

♥次頁漫画の華語表現をもっと楽しむために……Stepスタディ編のココを学んでおこう！
☞Step9〈1〉〈2〉（「怎麼＋動詞」「方法・手段をたずねる」《どのように…》→P144～）「怎麼走」「怎麼去」

そうです
だから どのような ルートで 目的地に 辿り着くのかが 「怎麼走？」 です
もちろん 「怎麼走？」は 交通手段を たずねる時にも 使ってますが
じゃ 「怎麼走？」だけ 覚えればすべて 解決するじゃん
ご挨拶とお食事を終えて…
シャオミイ これから どこに 行きますか？
ごちそうさまー
誠品書店
わたしは タクシーで 天母まで
「那一起走吧！」
ナア イーチイゾォウバ
え…？ だから わたしは 天母には 行かないって
そうだよ だから 「一起走吧」と言いました
えっ？
？
「一起去」と 「一起走」と どう違うの？
「一起走」は 途中で 別れるかも しれないけど 「一起去」は 目的地まで 一緒に 行くという ことです
ふーん
タクシー
「那 一起走 一起走」
タクシー たすかった、
ぶー
なんで チャンマオが ここに いるのよ
ちょっと 本読んで から…
一起走でしょ…
今話のポイント
zěn me zǒu
怎麼走
ルート
どうやって行きますか？
手段
zěn me qù
怎麼去

「ルート」と「手段」
今日はな～るほどザ台湾の出版社にごあいさつにいきますが…
一緒に行こう！
「一起去吧！」(イーチィ チュイバ)
ここからどう行くの？
ここからは行ったことないので駅員さんに聞いてみましょう
建国北路一段「怎麼去？」(ゼンモチュイ)
どう行くの？
へっへー通じた通じた
外に出て…えーと…
あの－
シャオミイ…今の中国語ちょっと間違ってますが…
え…だってちゃんと通じたよ
どこがヘンよ
正しくは「怎麼走？」(ゼンモゾォウ)ですが…
どう行くの？
「怎麼去？」はだめ？
「怎麼去？」は手段をたずねる場合に使います
悠遊カード MRTだけでなく
つまり…捷運に乗ってバスに乗ってそのあと歩いて行くのが手段ね
バスにものれて便利

第12話「怎麼走編」
知っとくとちょっとトクする
「今どきの台湾事情」⑫

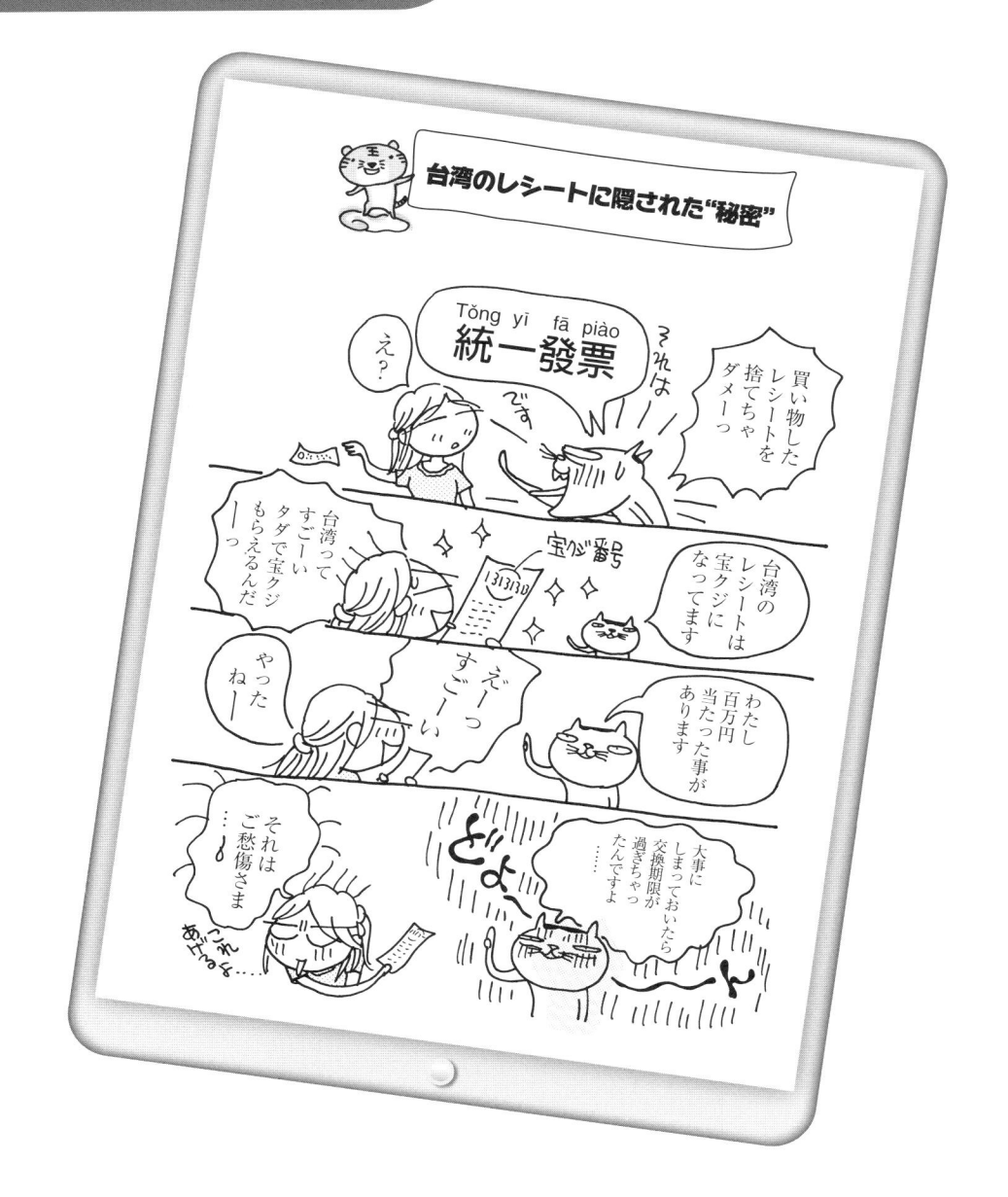

第13話 「歳」編
～「歳」～

知っとくとちょっとトクする華語表現 ⑬

哪一站下車？

バスや電車に乗ったときに

Xià yí zhàn
下一站
（次の駅）

どこで降りるの？

bó ài zuò
博愛座
（優先席）

Xià xià yí zhàn
下下一站
（次の次の駅）

Shàng yí zhàn
上一站

ちなみに前の駅は

❤次頁漫画の華語表現をもっと楽しむために……Step スタディ編のココを学んでおこう！
☞Step2〈1〉（数を問う「幾」→P108～）「幾歳」

「歲數」は
歳という意味だけど
これを使うと丁寧な言い方になるよ
あと「您貴庚？」(ニングエイゲン)「您高壽？」(ニンガオショウ)は上等な言い方だよ
上等
わかりましたか？
台湾の捷運は込んでてもギュウギュウ押して乗り込まないね
のれなかったら次の電車にのる
じゃチャンパパ
「您高壽？」
わたしはまだそこまで歳じゃないよ
ホントにこの言い方でいいの？
はい
さっ
台湾ではお年寄りをみるとすぐに席をゆずります
わしもしかして歳よりに見えたかの……
じゅーぶんみえるよ
ある日チャンマオが白いマスクをしてたら
どーぞ
さっ
若い女の子が席をゆずってくれました
ショック!
病人とまちがわれたらしい
今話のポイント
何歳？
jǐ suì
幾歲
おいくつですか？
duō dà suì shù
多大歲數

第13話

★今話のゲスト：チャンパパ　チャンマオのパパ

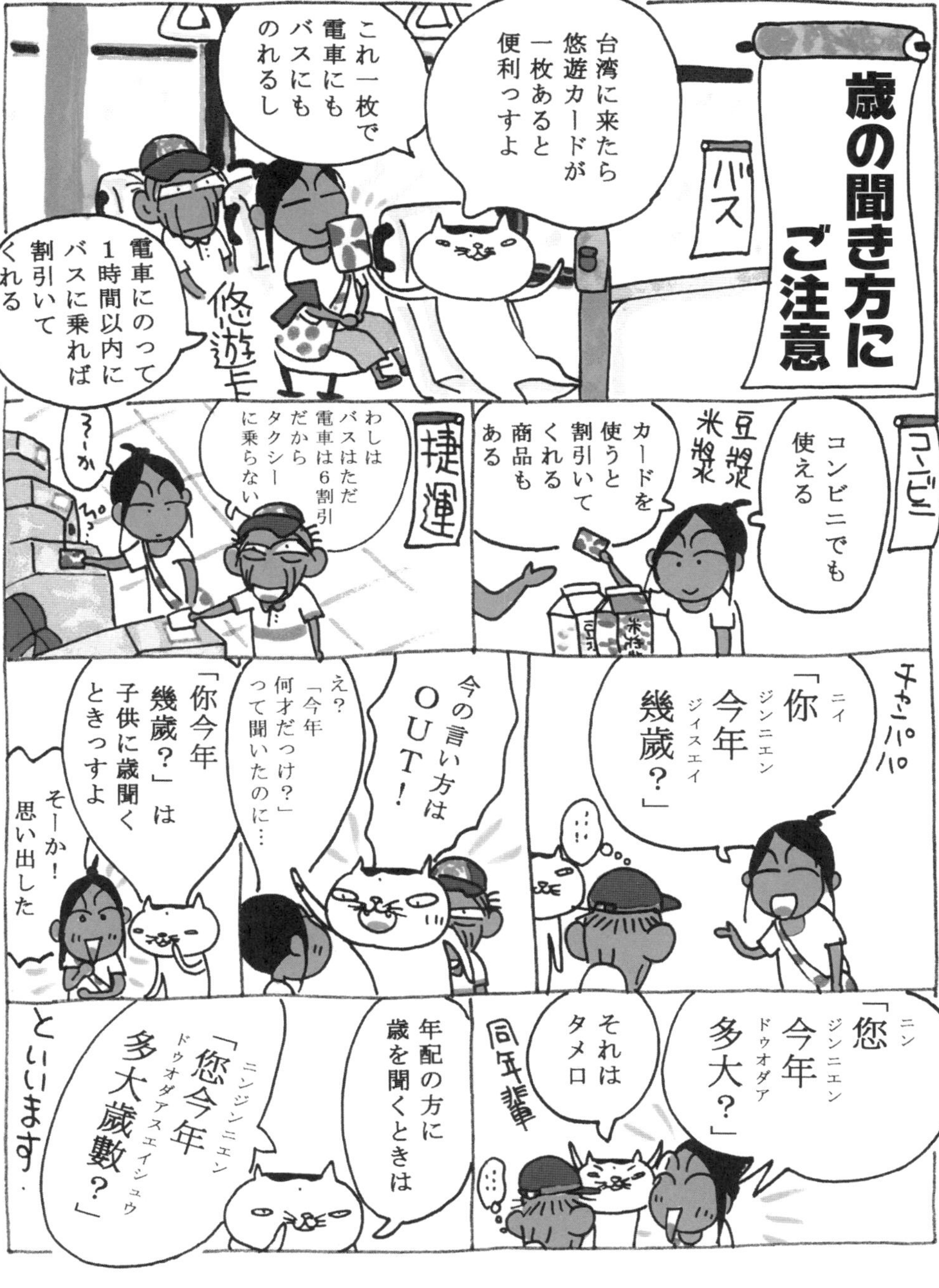

第13話「「歳」編」
知っとくとちょっとトクする
「今どきの台湾事情」⑬

第14話 聽不懂 編
~聞いても理解できない…~

知っとくとちょっとトクする華語表現 ⑭

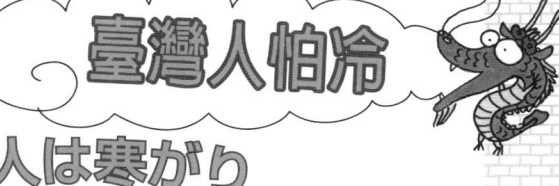

臺灣人怕冷

台湾人は寒がり

台湾の冬

Pà lěng
怕冷
（寒がり）

台湾人はだねー

ぜんぜん寒くないよー

北海道出身

❤次頁漫画の華語表現をもっと楽しむために……Stepスタディ編のココを学んでおこう！
☞Step17〈1〉（可能を表す「得」と「聽不懂」《聞いて理解できない》→P178〜）「聽不懂」「聽得懂」、Step7〈3〉（「能」の使い方→P135〜）「不能聽」

漫画編

★今話のゲスト：好兄弟 あの世の方

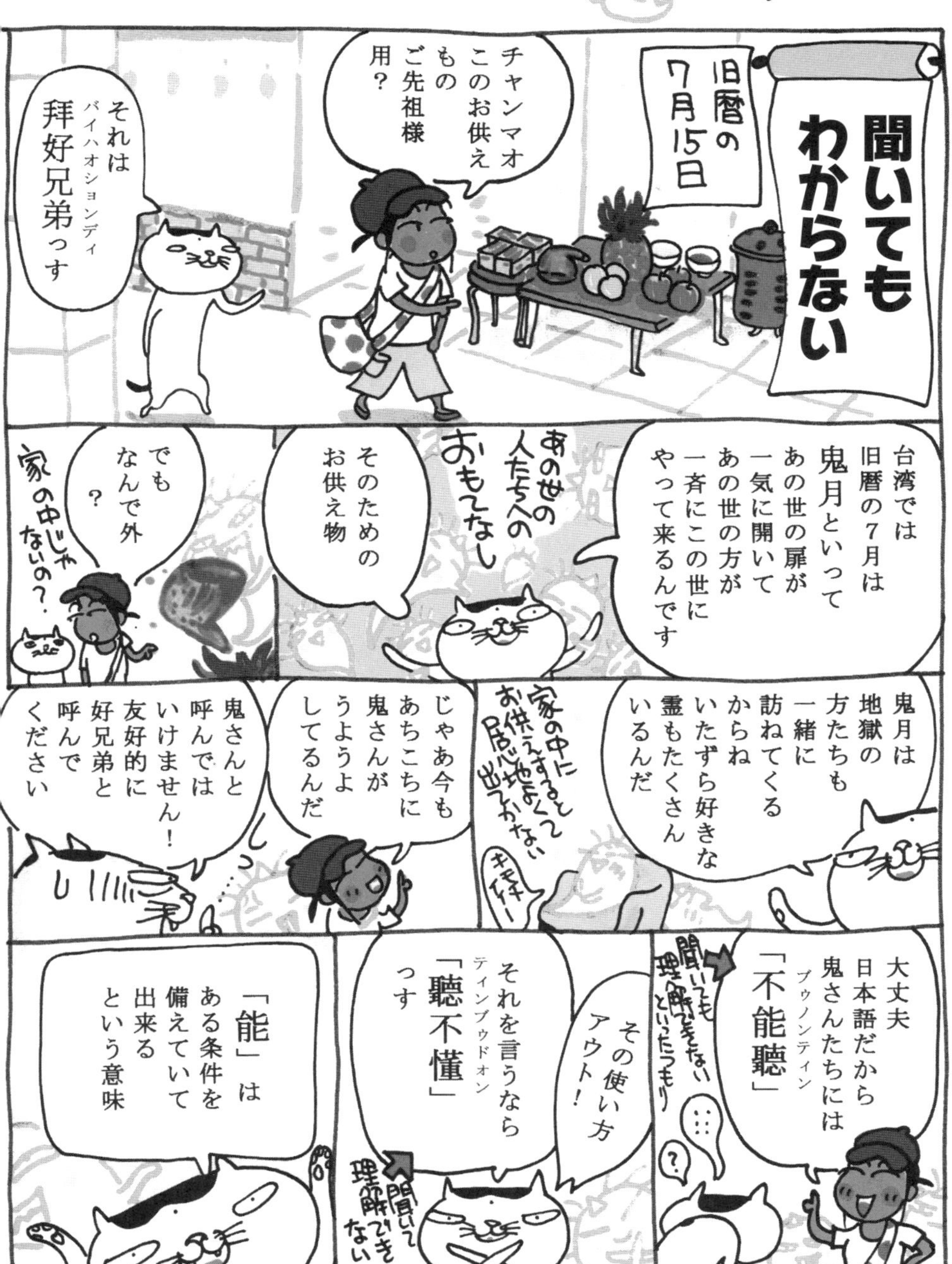

第14話「聽不懂編」
知っとくとちょっとトクする
「今どきの台湾事情」⑭

台湾の鬼月（お盆）

鬼月 (guǐ yuè)

（旧暦の7月）

「鬼月」の夜に洗たく物を干してはいけません

なんで？

好兄弟 (hǎo xiōng dì)

「鬼月」はあの世からやって来た鬼さん（好兄弟）がたくさんいます

濡れた服を干しておくと好兄弟たちが服の中に入りこんだとき…

夜

服から抜けにくくなってしまいます

ぬけない！

この服 昨夜 外に干しちゃった…

えー どーしよー

それはヤバいです

その服ぬげない…

第15話 有口福 編
～ごちそうにありつく運～

知っとくとちょっとトクする
華語表現 ⑮

借借佛力

苦しいときの神頼み

bài bài
拜 拜
（お参り）

台北市最古の
仏教寺院

Lóng shān sì
龍山寺

❤次頁漫画の華語表現をもっと楽しむために……Stepスタディ編のココを学んでおこう！
☞ Step1〈1〉(所有の「有」→P102～)「有口福」「有眼福」「有耳福」

この方は仏母準提です
まっ白でとっても荘厳な仏様ー
ぜんぶで18本あります
手がいっぱーいこの手でわたしをやさしく包んでくれるのねー
ひとりじめにしないでください
まったくゴーつくだね
「有眼福」
ヨウ イエンフウ
すごいシャオミイ
その使い方合ってますよ
目の保養
お坊さんが琴をひいてくれた
あ〜キモチイイ〜
「有耳福」
ヨウアルフウ
その使い方も正解っす
めずらしい…
ほほほ応用の女王とよんで
これでビール飲めたら最高だねー
台湾ビールっすか?
ここにあるわけないっす
しかし…行きはよいけど帰りは…
きゃー
えっ?タクシーひろえないって?
タクシー来るまで1時間半待った
無
ミーン ミーン
蚊にさされた
ぱたぱた
これも修行か…
今話のポイント
yǒu kǒu fú
有口福
ごちそうにありつく運
yǒu ěr fú
有耳福
耳の保養

第15話
こんな運に恵まれたい
新竹縣峨眉鄉
神々しい～
すごーい超でっかい布袋さまだ～
迫力あるね～
世界でもっとも高い青銅弥勒仏といわれてるんだ
72mあるよ ビルの24階の高さ
奈良の大仏さまもぜんぜんかなわな～い
そりゃー問題じゃないっす
十方禅林
やっと着いたっす
もう1時半だよ
油断してたら電車乗り過ごしちゃいましたからねー
ぐるるる
いらっしゃい昼ごはんまだありますよ
ボランティアのおばさん
お寺のごはん
いっぱい残ってますよー
わたしたち運がいいねー
イカもどき
そーゆう時はなんて言うかわかりますか？
さつまあげもどき
えっ？
「有（ヨウ）口福（コウフウ）」
ごちそうにありつく運おいしい食べ物に恵まれる運っす
おかわり～
なるほど
その運だけで生きてけるねー
お腹もまんぷく
さっそくお寺見学しましょう
綺麗なお庭まるでわたしの心のようだわ
さっさと行きますよ
だいこん
なぜか茶わんに日本語が…
お寺のごはん
冬瓜のスープ
イカもどき
さつまあげもどき
ゆば
こんぶ
色あざやかなやさいいため
果物
五穀ごはん
お茶など

第15話「有口福編」
知っとくとちょっとトクする
「今どきの台湾事情」⑮

第16話 **很會吃** 編
～グルメ～

知っとくとちょっとトクする
華語表現 ⑯

購物最開心

おみやげを買ったとき

しっとりサクサクのクッキー

Fēn kāi bāo
分開包 （別々に包んで）

パイナップルあん

fèng lí sū
鳳梨酥
（台湾名物パイナップルケーキ）

台湾でお土産といえばこれだね！
チャンヌネ
彼氏

❤次頁漫画の華語表現をもっと楽しむために……Stepスタディ編のココを学んでおこう！
☞Step 7〈3〉(「能」「會」(…できる)の使い方→P135～)「很能吃」「很會吃」

ニイヘン ホェイチー
「你很會吃」
…
?
はっはっ そーっすよ わたしはグルメ 素（ベジ）グルメっすー
そんなこと聞いてないよ
え…？
あたしはチャンマオが朝ご飯食べたばっかっていったから よく食べられるねって聞いたんだよ
それを聞くなら
ニイヘン ノンチー
「你很能吃」ですよー
量が食べられるかどーかは「能吃」
「很會吃」はグルメのこと
じゃ「你很能吃」
「能吃能吃」
カラン カラン ポン
「會」とか「能」の使い方はいろいろあって難しいね
能
チャンマオにお昼ごはんごちそーしたから 夕ごはんごちそーして
いいっすよ おちゃのこさいさいっす
夕ごはん
高級素レストラン「陽明春天」
わーホントにいいのー こんな高いレストラン
やっぱチャンマオ「很會吃」
だね―！
あ！シャチョー
チャンパパの知り合いのシャチョーさんがごちそうしてくれるのか…
ターイエ
「他也很會吃」
彼もグルメ
今話のポイント
グルメ
hěn huì chī
很 會 吃
量がたべられます
hěn néng chī
很 能 吃

★今話のゲスト：シャチョー
「グルメ」？「大食い」？
昔とくらべると台北駅超キレイになりましたね
さすが駅だお弁当たくさん売ってるよ
駅の回転寿司屋さんにも弁当があるよ
あそこの人が行列してる店はなに？
ぞろぞろ
臺鐵マークがついてます臺鐵便當
便當ってことはお弁当か
駅弁っす
北海道のお弁当まであります
臺鐵・北海道
便當
150元
台湾人は北海道好き？
臺鐵マーク
素（ベジ）の駅弁があるよ
さすが台湾！
日本じゃありえな〜い
お昼はこの素弁当にしよう
一個八十元だったよ
傳統排骨便當なんて六十元
日本よりぜんぜん安い！
それになんてったってお弁当があったか〜い
ほかほか
さすがあったかい物好きの台湾！
おまけにごはんが五穀米で栄養たっぷり
ここでたべちゃいますか…わたし…朝ご飯食べたばっかっす
ぱくぱく
モグモグ
台湾のお弁当はごはんがみえないのが定番
やさい・コンブ・のり
素肉鬆・素肉などなど

第16話「很會吃 編」
知っとくとちょっとトクする
「今どきの台湾事情」⑯

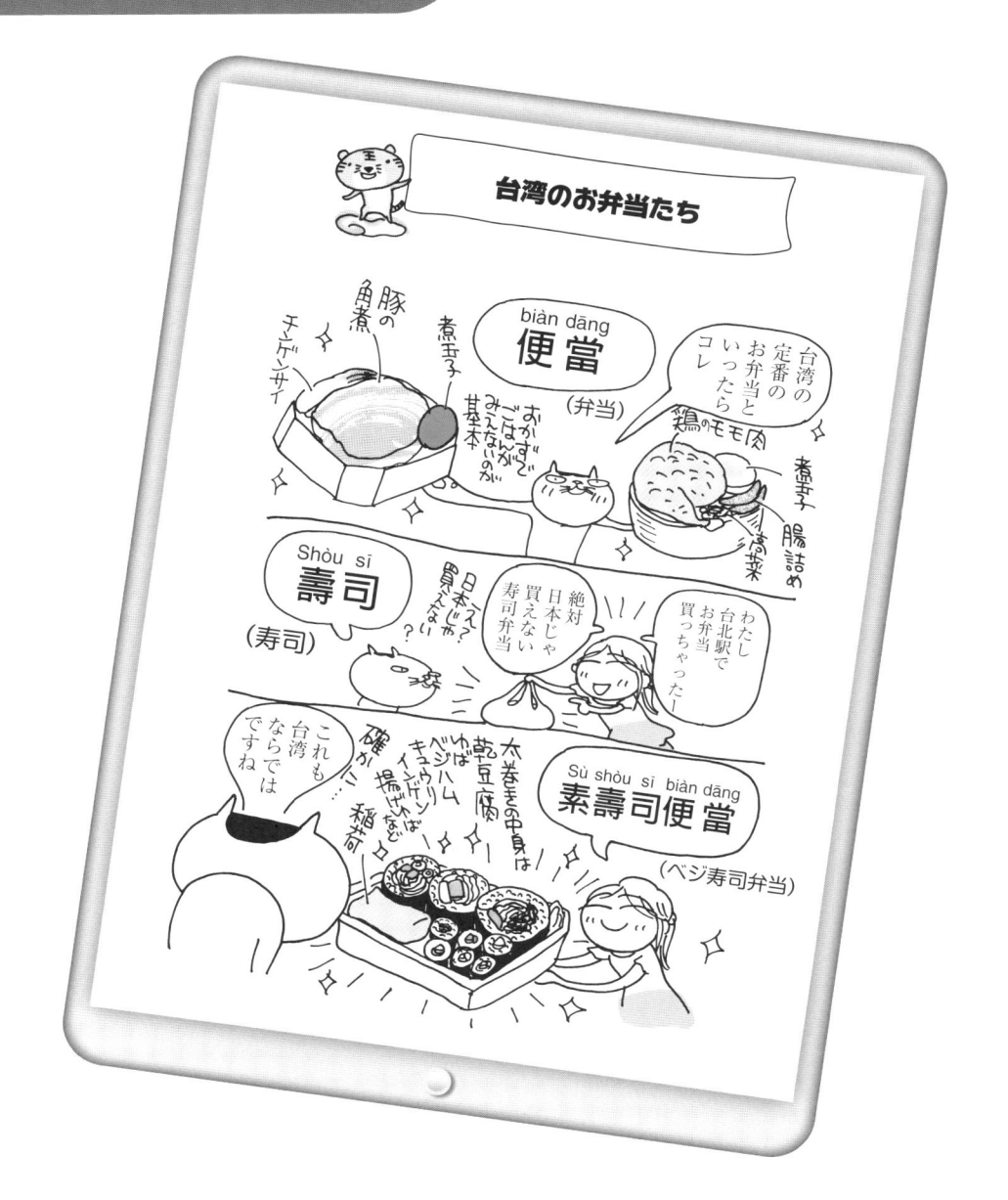

第17話 哪裡哪裡 編
～いえいえ、たいしたことじゃないです～

知っとくとちょっとトクする
華語表現 ⑰

約會在素食餐廳

デートにはこんなレストランで
台北市「陽明春天(Yáng míng chūn tiān)」レストラン　ビル10階

很有情調 (Hěn yǒu qíng diào)
（ムードがある）

幸せーっ

❤次頁漫画の華語表現をもっと楽しむために……Stepスタディ編のココを学んでおこう！
☞Step8〈2〉（「哪裡」《どこ？》→P141～）「墾丁在哪裡」

● 74 漫画編

第17話

★今話のゲスト：シャチョー

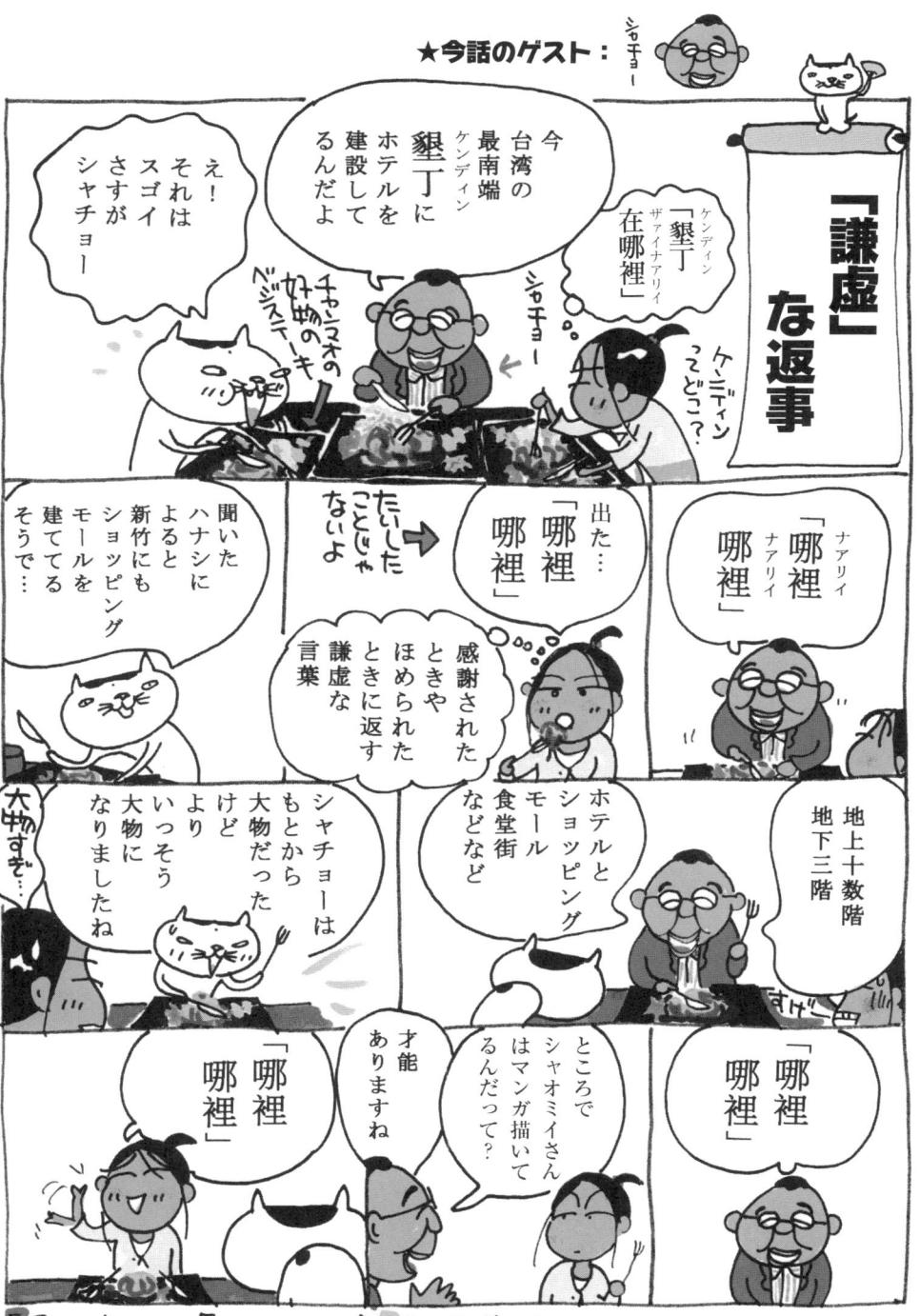

「陽明春天」の「ベジステーキ」→「御品煎猴排」 材料は猴頭菇(キノコ)

第 17 話「哪裡哪裡 編」
知っとくとちょっと**トク**する
「今どきの台湾事情」⑰

第18話 熱呼呼 編
~ほかほか~

知っとくとちょっとトクする
華語表現 ⑱

非去不可

絶対行かなきゃ！

chī dào bǎo
吃到飽

（食べ放題）

❤次頁漫画の華語表現をもっと楽しむために……Stepスタディ編のココを学んでおこう！
☞ Step5〈1〉（曜日の言い方→P123〜）「今天星期天」

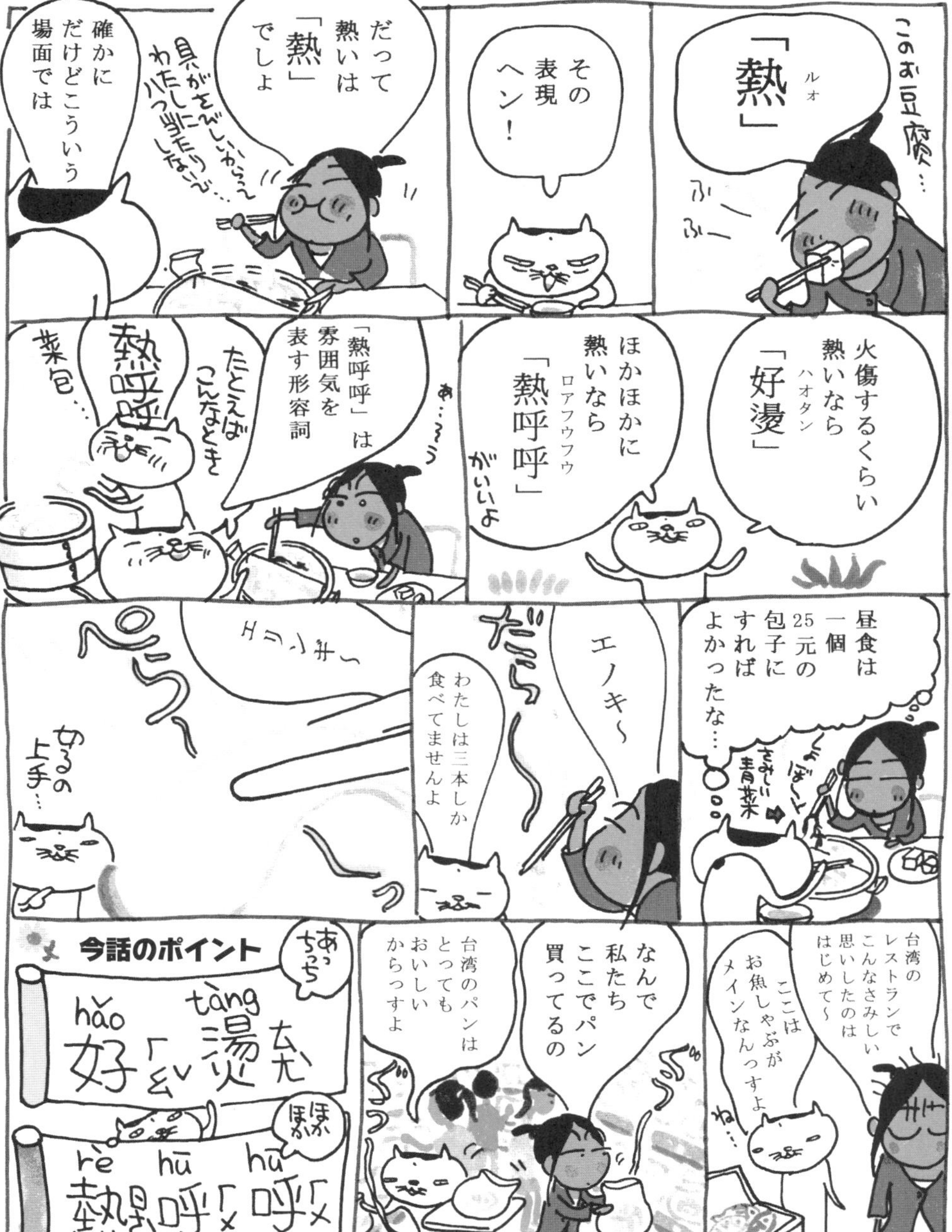

★今話のゲスト：火鍋 人気の鍋料理　素 ベジ料理

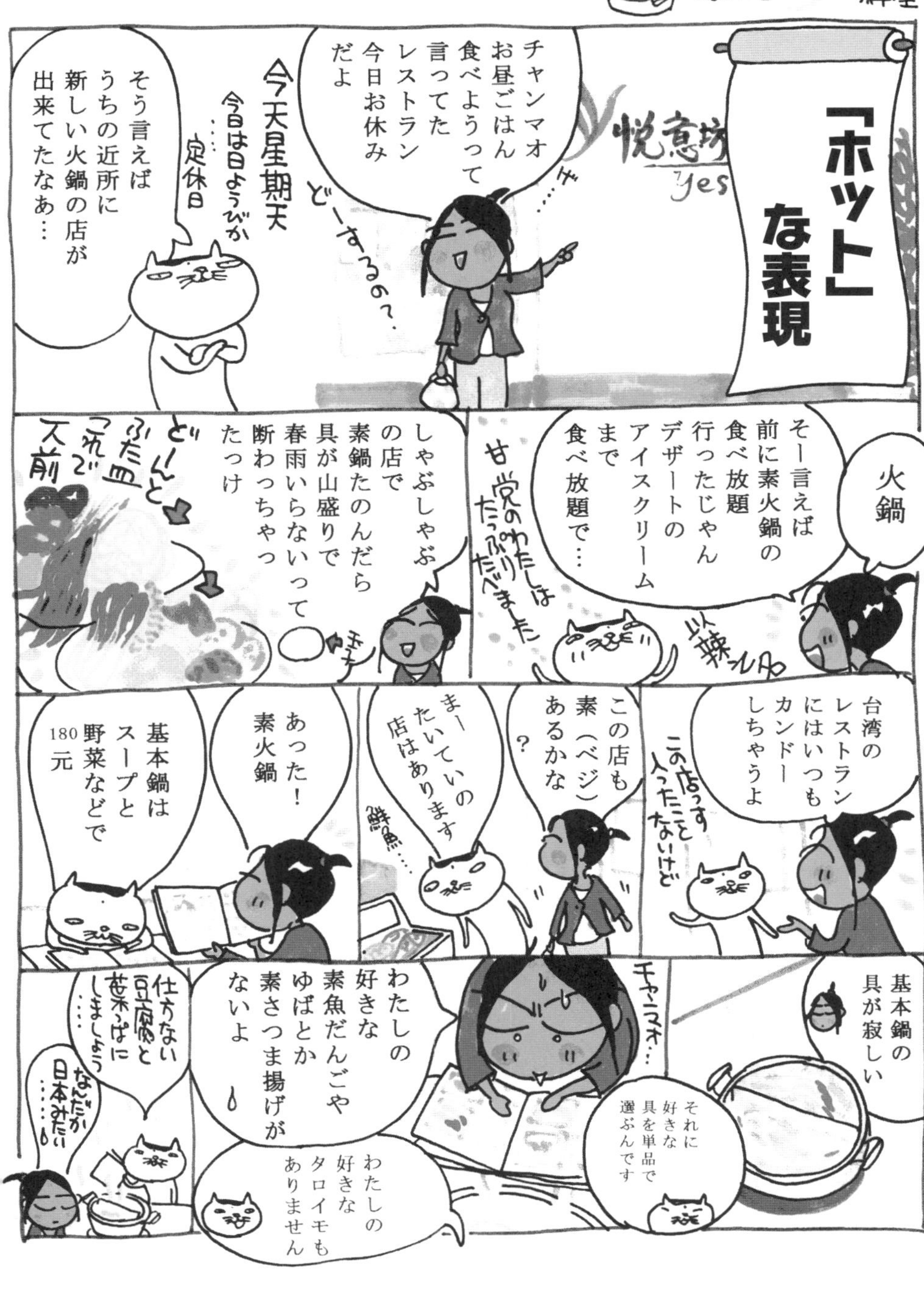

第18話「熱呼呼編」
知っとくとちょっとトクする
「今どきの台湾事情」⑱

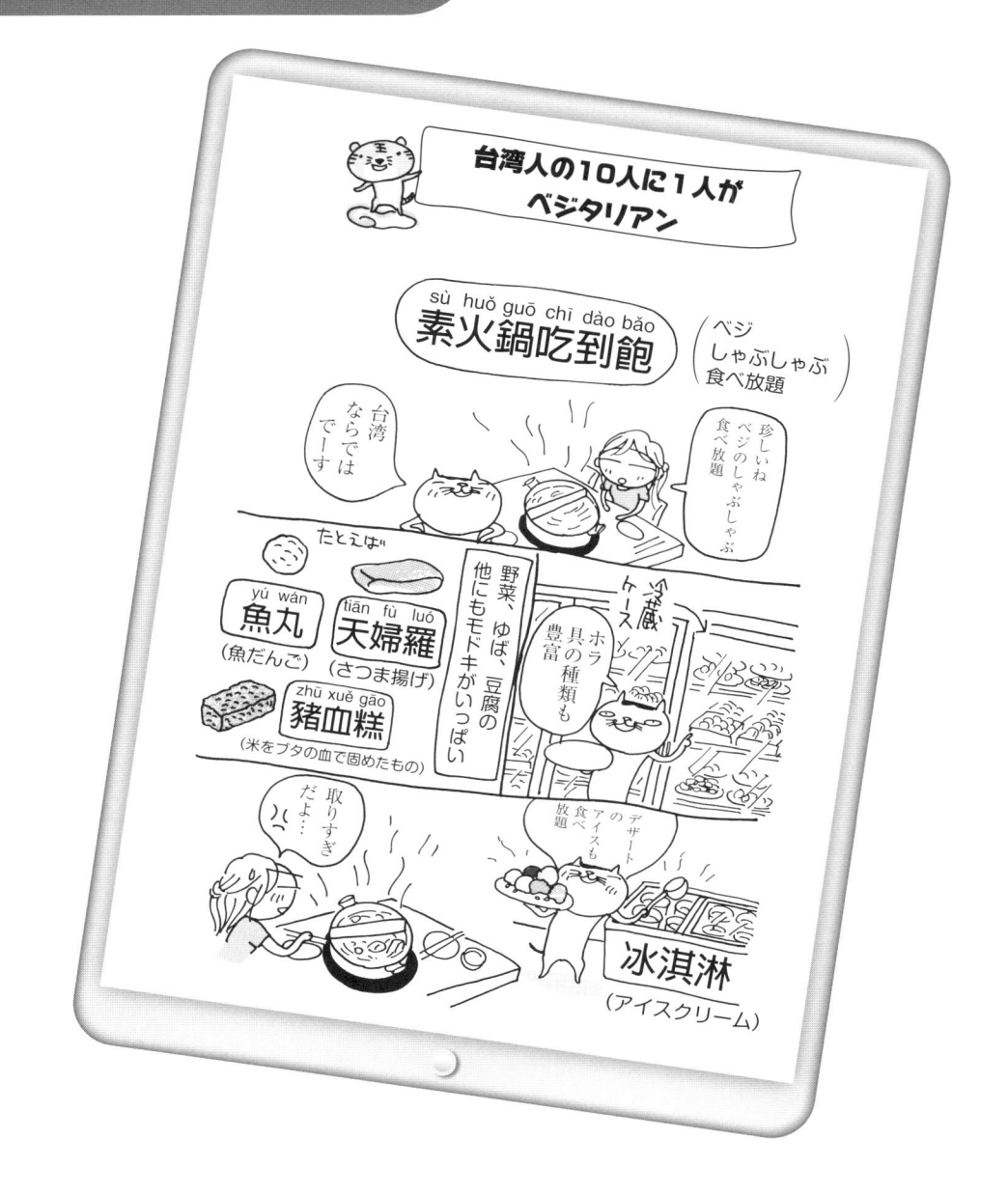

第19話 睡過頭 編
～寝坊～

知っとくとちょっとトクする
華語表現 ⑲

「馬」+「虎」=？

馬+虎=？

Mǎ hū
馬虎
（いい加減）

掃除おわった

Mǎ mǎ hū hū
馬馬虎虎
（まあまあ）

超臭いけど食べるとまあまあ

※臭豆腐
（豆腐を発酵させたもの）

臭豆腐

❤次頁漫画の華語表現をもっと楽しむために……Stepスタディ編のココを学んでおこう！
☞Step21〈2〉（程度補語を用いた比較文→P198～）「你比我來得晚」

今回はエリンギを使って「三杯」味に挑戦!
わかったよ 台湾なら いくらでも 食べるよ
おいしいからネ
あのバスにのりまーす
チャンマオ ここで 降りるんじゃないのー？
ねぇ〜
ぐー
すみませーん
留学一年目の日本人
チャンパパ
バスに乗ったら
ズオグオトウ「坐過頭」です
乗り過ごしました
最近 応用がよく できますね
留学一年目なので中国語いっぱいしゃべりたい人
ジュ ツアン …
今何て言った？
？
？
会食する
ジュツアン 聚餐でしょ
ほほほ…
チャンパパも チャンマオも わかんなかったのー？
日本語発音は日本人にしか通じないから注意しよう
？
？
聚jùの発音の「u」は点々がつく「ü」ウムラウトの発音っす
『かわゆいでしゅねぇ』の『ゆい』に似てます
ジョック！
あ！ わたしが注文した 三杯猴頭菇だ
また バジル味…
これなら 別バラ！ いくらでも 入るっす
今話のポイント
shuì guò tóu 睡過頭
寝ぼうする
zuò guò tóu 坐過頭
乗りすごす
「三杯エリンギ」レシピ
ごま油 しょうが(うす切り)
炒める
さとう しょうゆ
エリンギ とうがらし
炒める
バジル山盛りたっぷり入れて
三杯味の出来あがり

第19話

★今話のゲスト：
三杯猴頭菇
バジル味
チャンマオの好物
「寝坊」しちゃった
ごめーん寝坊しちゃっ…
あれ…
「你比我來得晚」
ニイビイウオ ライダワン
わたしより来るのが遅い
ごめーん待ったー
あ…
うんちょっとね
すみません今朝わたし「睡過頭」っす
シェイグオトウ
「睡過頭」って？
寝坊しちゃったってことっす
ちょっとコンビニで朝ごはん買ってきます
Family
あったー？これこれ奶酥パン
ナイスゥ
チャンマオっていつも奶酥パンばっかだね たまには葱パンにしたら？
いやだ これは日本じゃ食べられません
おまけに無添加・無着色っすよー
お昼は量り売りの店
明德素食
vegetarian
あれもこれもバジル入り炒め
チャンマオバジル味大好きだね
わたし台湾に来てはじめて知ったよー中華にバジルたっぷり使うの
えーこんなおいしいのに～
あ…
そーだ5時に知り合いとレストランで待ち合わせしてます
え…？
もう3時半だよー今お昼食べてんのにまた食べるのー
だって約束しちゃったんだもん
台湾で人気の菓子パン
奶酥麵包
下
奶酥餡

84　漫画編

第 19 話「睡過頭編」
知っとくとちょっとトクする
「今どきの台湾事情」⑲

第20話 吃不… 編
～食べきれない～

知っとくとちょっとトクする華語表現 ⑳

沒勇氣吃還是…？

同じ「食べたくない！」でも…

Bù gǎn chī
不敢吃！
（食べる勇気がない！）

zhū jiǎo
豬腳
（豚足）

Bù xǐ huān chī
不喜歡吃！
（嫌い！）

♥次頁漫画の華語表現をもっと楽しむために……Stepスタディ編のココを学んでおこう！
☞Step14〈1〉(結果補語「完」動作の結果がどうであるか？→P165～)「吃完」、Step17〈1〉(可能補語の肯定と否定「得」「不」→P178～)「吃得完」「吃不完」「吃不下」

漫画編

★今話のゲスト：

チャンパパ
チャンマオのパパ
店のオーナー
おしゃべり好き

「食べきれない」でも
夕飯は台湾の家庭料理を味わおう
台湾では家庭料理を「家常菜（ジャアチャンツァイ）」というよ
大衆食堂になぜか絵画が……
家庭料理大好き♡毎日食べてもあきない味
ベジのわたしにもちゃんとベジ家常菜を作ってくれます
安心…
さすが台湾だね
ベジ大国だ!!
お客もいない
店貸し切りみたいでキモチいい～
それは失礼っす
たぶん…
今日はたまたまじゃよ
これオーナーの娘さんの写真ですか？
↑この店の仏壇
わたしの写真だよ
それもっと失礼だと思うよ
オーナー
でもチャンマオなんで大衆食堂の…
美しい写真にだまされるね
店のカウンターにあんなものがぶらさがってるの…
フシギタイワンなんでもあり
カウンターはバー ここは大衆食堂
わーどんどん出てくる
ご飯はおかわり自由 自分で盛ります
そこでオーナーがひと言み言
うちは高級安全な洗剤を使って野菜を洗ってるよ
安全
きいてもないのに安全をアピール
こんなにたくさん「不能吃完（ブーノンチーワン）」

第20話「吃不…編」
知っとくとちょっと**トクする**
「今どきの台湾事情」⑳

第21話 服務 編
~サービス~

知っとくとちょっとトクする
華語表現 ㉑

怎麼叫呢？

お店の人を呼ぶとき

男性の場合
Lǎo bǎn
老闆
水煎包

女性の場合
Lǎo bǎn niáng
老闆娘
滷味

お店の人があきらかにその店のオーナーの場合

男性の場合
Duì bù qǐ
對不起
（すみません）
（女性でもOK!）

女性の場合
Xiǎo jiě
小姐
（おねえさん）

レストランの従業員の場合

❤次頁漫画の華語表現をもっと楽しむために……Stepスタディ編のココを学んでおこう！
☞Step3〈2〉（指示代名詞「這」（これ）→P116～）「這是服務」

あ！すみません すぐに 黒森林 ケーキと ホット コーヒー お持ち します
↑店員さん
この 間違って 出てきた ケーキ 置いてっ ちゃったけど どーすんの？
サービス だって 食べて いいって
え？ ホント？ 日本じゃ 絶対 ありえ な～い
下げちゃうよ
這是「服務」
（これは「サービス」）
ケーキ もらっちゃった～
ぱく…
おいしー アップルケーキ
今の 中国語 ちょっと ヘン…
え？だって「服務」って サービスでしょ
これは「服務（フウウー）」じゃなくて「招待（ジャオダイ）」です
「服務」の サービスは お客さんのために 奉仕する態度 のことで おまけを つけたり する サービスは「招待」と 言います
だから「店招待（ディエンジャオダイ）」「老闆招待（ラオバンジャオダイ）」をよく使います
また ケーキが来た
ケーキ２個
店招待
飲み物 ２杯
おまけに アンケート用紙 書いても 書かなくても ボールペンの サービスだよ
すげー 何回ここに 来てるんだ…
こんなに たくさ～ん
にゃっ にゃっ
さっ
今話のポイント
fú wù
服ㄈㄨˊ 務ㄨˋ
サービス
zhāo dài
招ㄓㄠ 待ㄉㄞˋ

第21話 「サービス」いいね！

ここのベジレス台湾で結構人気があるんですよ

知ってるー中華からイタリアンまであってコースになってるうえお値段が手頃

店の雰囲気もいいです

「服務也很好」（サービスもいい）

そうそうのんびりおしゃべりできてくつろげるのが一番

前菜とパンと五穀米以外は全部自分の好みで選べます

じゃメンディッシュは「牛肝菌義式辣椒麺」にしよー

次々と出てくるコース料理

牛肝菌はキノコの一種これはスパゲティだけど味は中華っぽいよ辛くておいしいです

え？同じ？ラザニアとか竹炭スパにすればいいのに

わたしもこれにします

この麺辛くておいしかったー

店員さん

デザートとお飲物お持ちしてもよろしいですか？

はい

アップルケーキとコーヒーです

あれ？あたしが頼んだのは黒森林ケーキとホットコーヒー…

黒森林ケーキと明日葉アロエジュース

え？黒森林ケーキとコーヒー頼んだのに…

漫画編

第 21 話「服務編」
知っとくとちょっとトクする
「今どきの台湾事情」㉑

台湾のかわいいケーキたち

dàn gāo
蛋糕 いろいろ
（ケーキ）

qǐ shì
起士
（チーズ）

qiǎo kè lì
巧克力
（チョコレート）

dàn tǎ
蛋塔
（プリンパン）

mǎ kǎ lóng
瑪卡龍
（マカロン）

xiān nǎi pào fū
鮮奶泡芙
（シュークリーム）

Xiǎo jiě
小姐（おねえさん）

Shén me hǎo chī
什麼好吃？
（何がおいしい？）

おいしいことは
おいしいけど…

ここの名物
「台北一〇一」ケーキ
だって

第22話 一點 編
~少し…~

知っとくとちょっとトクする
華語表現 ㉒

台灣人喜歡冷氣!?

台湾ではバスもタクシーも冷房が効きすぎ…

jì chéng chē
計程車
（タクシー）

Lěng qì qǐng guān xiǎo yì diǎn
冷氣請關小一點
（冷房を少し弱くしてください）

Tài lěng le
太冷了
（寒すぎます）

そお？普通だよ

❤次頁漫画の華語表現をもっと楽しむために……Stepスタディ編のココを学んでおこう！
☞Step15〈2-1〉（目的語をとる方向補語（「あなたを連れて行く」などの表現）→P172～）
「我帶你去」

え…なんで今度は「一點」なのよー？
「少し」の中国語は2つあります
「有一點」と「一點」
「有一點」は不満不具合の時に用います
だから少しキモチワルイは…有一點不舒服
そうっす
例えば「有一點熱」（少し熱い）
ヨウイディエンロア
ここは少しあついねぇ…
「一點」は要求認めるなどの時に用いますよ
請開慢一點
例えば「慢一點」（少しゆっくりして）「好一點」（少しよくなる）
マンイディエン
ハオイディエン
シャオミイ具合どう？
「好一點了」だね…
ハオイディエンラ
少しよくなった
あとどのくらい？
三十分だって
さっきも三十分って言ってたよ
さっきは三十分くらいって言ってた
また30分たって
あと何分？
あと二十分くらいだって
うう〜…
信じられなーい…
シャオミイが「請開慢一點」って言ったからですよ
今話のポイント
yǒu yì diǎn màn
有一點慢
少し遅い
màn yì diǎn
慢一點
少し遅くして

★今話のゲスト：

運転手さん

「少し」は「少し」でも
「我帯妳去法鼓山農禪寺」(ウオダイニイチュイファグウシャンノオンチャンスー)あなたを法鼓山農禅寺につれて行きますよー
チャンマオの知り合いのタクシーなので激安貸し切り
お寺見学ね
ぶー
当然お寺は山の上
くね くね くね
あとどのくらい？
カオイロ悪いっす
三十分くらいだって
運転手さん
くね くね
「我一點不舒服」(ウオイディエンブーシュフウ)
へんな中国語
え？
少し気分が悪いっていったの少しの中国語は「一點」でしょ
そういう場合は
「我有一點不舒服」(ウオヨウイディエンブーシュフウ)です
運転手さん山道は酔いやすいから
「請有一點慢」(チンヨウイディエンマン)
ゆっくり走ってください
超へんな中国語
だって今「有一點」って言ったじゃん
キモチワルイ…
ゆっくり走ってほしい時は「請開慢一點」(チンカイマンイディエン)です
↑と言ってるつもり

96　漫画編

第22話「一點編」
知っとくとちょっと**トクする**
「今どきの台湾事情」㉒

第23話 「敲」幾次 編
～何回「打つ」～

知っとくとちょっとトクする
華語表現 ㉓

消消貪嗔痴…

欲を消したいときは…

dǎ zuò
打坐
（座禅をする）

Yì nián dǎ jǐ cì zuò
１年打幾次坐？
（１年に何回座禅しますか？）

Yí cì
１次
（１回）

♥次頁漫画の華語表現をもっと楽しむために……Stepスタディ編のココを学んでおこう！
☞ Step18〈2〉（動作の回数の言い方→P185～）「一天敲幾次」「一年來三次」

シャオミイ
今の中国語
ヘンです
え？
「一日何回
たたきますか？」
って聞いたん
だよ
中国語の
回数は
動詞の
後ろに
置く
日本人は
よく
まちがえます
「一天敲幾次？」
イーティエン チアオジイツー
です
こっちの
向かいに
あるのは
なあに？
わかったよ
こっちは
鳳凰だ
ぶら〜ん
磬
けい
中国伝来の
打楽器
仏具として
勤行に
用いるんだって
龍と
鳳凰
縁起が
いいね
年に何回
台湾に来てるのか
聞いてるよ
おねえさんが
シャオミイの発音
いいって ほめてるよ
台湾に3ヵ月いたとき
発音しかならわなかったからねー
「一年三次來」
イーニエン サンツーライ
あ…
ちがう
「一年來三次」
イーニエン ライサンツー
で〜す
…
一年に
三回
来ます
発音が
よくても
文法がぜんぜん
っすね
ふん…
食事の
時間っす
お寺
無料
食べ放題
「再盛一次」
ザイチョン イーツー
吧！
食べるとき
だけは
文法合って
ますね…
お寺は男女別の席です
男子
女子
おかわり！
今話のポイント
qiāo jǐ cì
敲幾次
何回たたきますか
一年來三次
一年に三回来ます
ごはんは
無料だけど
気持ちを
入れて
おきましょう
スーッ

★今話のゲスト：お寺を案内してくれたボランティアのおねえさん

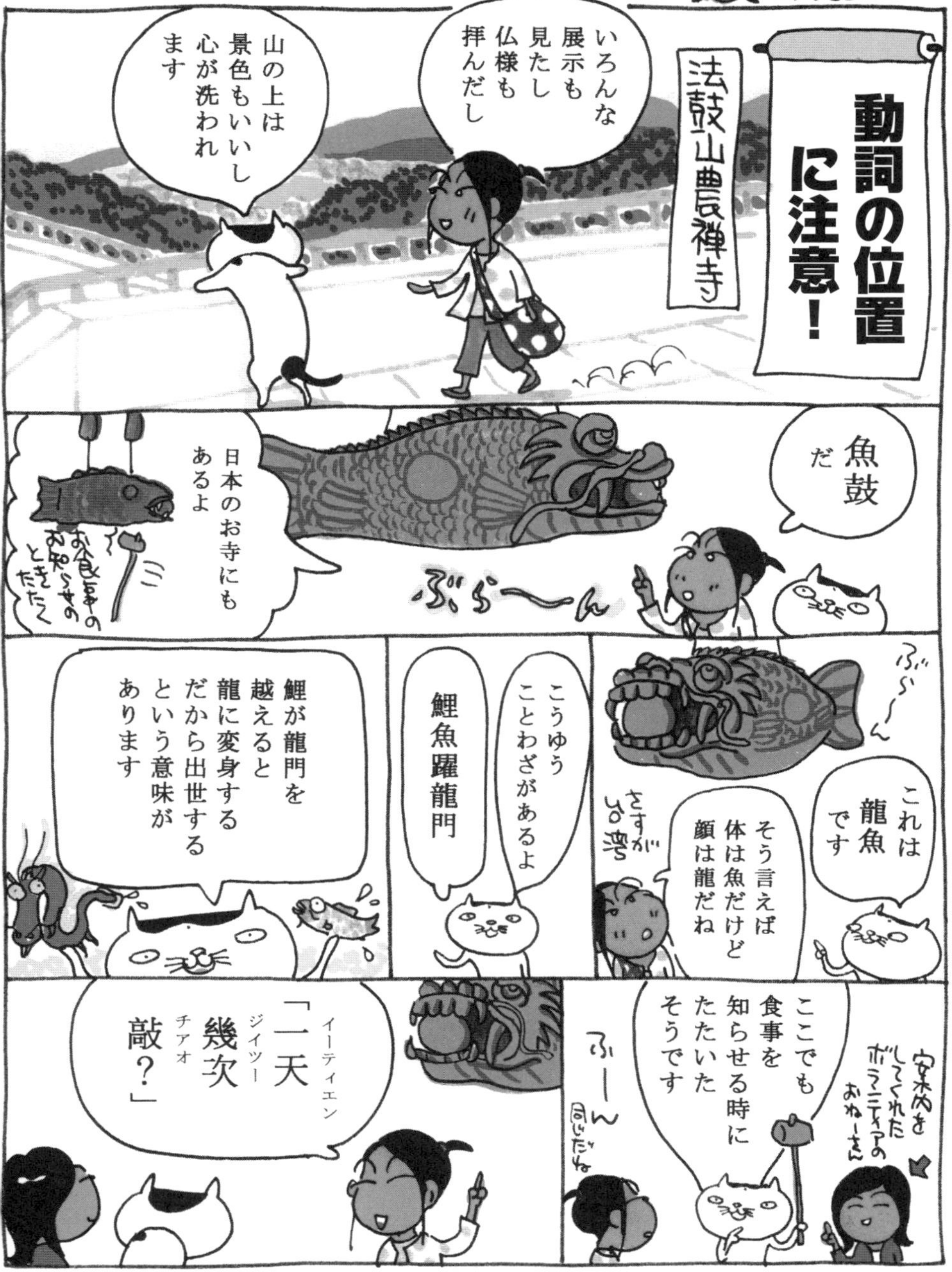

第23話「「敲」幾次 編」
知っとくとちょっと**トクする**
「今どきの台湾事情」㉓

Stepスタディ編

Step 1

Thema

〈1〉存在・所有の「有」
（ある、いる、持っている）

〈2〉動詞述語文と判断動詞「是」
（…は～である）

〈1〉存在・所有の「有」（ある、いる、持っている）
有座位嗎？　　座席はありますか？

基本文

・這個座位有人嗎？　　この席には人がいますか？（ここは空席ですか？）
・你有車票嗎？　　あなたは切符を持っていますか？

単語	注音	ピンイン	品詞	意味
有	ーヌˇ	yǒu	（動）	ある、いる、持っている
座位	ㄗㄨㄛˋ ㄨㄟˋ	zuòwèi	（名）	座席
嗎	•ㄇㄚ	ma	（助）	（疑問の助詞）…か？
這	ㄓㄜˋ	zhè	（代）	この
個	•ㄍㄜ	ge	（量）	個
人	ㄖㄣˊ	rén	（名）	人
你	ㄋㄧˇ	nǐ	（代）	あなた
車票	ㄔㄜ ㄆㄧㄠˋ	chēpiào	（名）	（電車・バス・新幹線などの）切符、乗車券

ポイント

❶「有」には、存在（ある、いる）のほか、所有（持っている）の意味もある。
❷動詞「有」の否定形は「沒有」。「不」は用いない。
❸疑問文では、文末に疑問を表す助詞「嗎」、「有…嗎？」、あるいは諾否疑問文「有沒有…？」、「有…沒有？」を用いる。返答には、「有」か「沒有」を用いる。

「動詞の肯定＋否定」＝諾否疑問文（yes or no）では、文末に「嗎」は不要。

例	你**有**車票**嗎**？	あなたは切符を持っていますか？
	你**有沒有**車票？	あなたは切符を持っていますか（持っていませんか）？
	你**有**車票**沒有**？	あなたは切符を持っていますか（持っていませんか）？

単語	注音	ピンイン	品詞	意味
沒有	ㄇㄟˊ ㄧㄡˇ	méiyǒu	（副）	（「有」の否定）ない、いない、持っていない
不	ㄅㄨˋ	bù	（副）	（否定）…しない、…ではない

実用会話①　※下線部を🐯マーク以下の単語に置き換えて練習してみよう！

Q：你有<u>哥哥</u>嗎？　　　　あなたにはお兄さんがいるのですか？
A：沒有。我沒有<u>哥哥</u>。　いません。私には兄はいません。

単語	注音	ピンイン	品詞	意味
哥哥	ㄍㄜ・ㄍㄜ	gēge	（名）	兄
我	ㄨㄛˇ	wǒ	（代）	私
🐯				
男朋友	ㄋㄢˊ ㄆㄥˊ ㄧㄡˇ	nánpéngyǒu	（名）	ボーイフレンド、彼氏
女朋友	ㄋㄩˇ ㄆㄥˊ ㄧㄡˇ	nǔpéngyǒu	（名）	ガールフレンド、彼女

実用会話② ※下線部を🔄マーク以下の単語に置き換えて練習してみよう！

Q：你有沒有悠遊卡？　　あなたはゆうゆうカードを持っていますか？
A：我沒有悠遊卡。　　　私はゆうゆうカードを持っていません。

単語	注音	ピンイン	品詞	意味
悠遊卡	ㄧㄡ ㄧㄡˊ ㄎㄚˇ	Yōuyóukǎ	（名）	ゆうゆうカード＊
智慧型手機	ㄓˋ ㄏㄨㄟˋ ㄒㄧㄥˊ ㄕㄡˇ ㄐㄧ	zhìhuìxíng shǒujī	（名）	スマートフォン
手機	ㄕㄡˇ ㄐㄧ	shǒujī	（名）	携帯電話

＊「ゆうゆうカード」はMRT（モノレール）や路線バスに乗る時に使う電子マネーカード

ポイント

●店やレストランなどである商品や料理などを扱っているかどうか、また、ホテルやスポーツセンターなどの施設が「あるかないか？」をたずねるときも、「有沒有〜？」を用いる。

例　**有沒有**悠遊卡？　　ゆうゆうカードはありますか（ありませんか）？

〈2〉動詞述語文と判断動詞「是」（…は…である）
你是臺北人嗎？　　あなたは台北人ですか？

基本文

・你是臺灣人嗎？　　あなたは台湾人ですか？
・我不是田中。　　　私は田中ではありません。

単語	注音	ピンイン	品詞	意味
是	ㄕˋ	shì	（動）	…は〜である
臺北人	ㄊㄞˊ ㄅㄟˇ ㄖㄣˊ	Táiběirén	（名）	台北の人

単語	注音	ピンイン	品詞	意味
臺灣人	ㄊㄞˊ ㄨㄢ ㄖㄣˊ	Táiwānrén	（名）	台湾人
不	ㄅㄨˋ	bù	（副）	…ない
田中	ㄊㄧㄢˊ ㄓㄨㄥ	Tiánzhōng	（名）	田中（人名）

ポイント

❶ 動詞述語文の基本型は、「主語＋動詞＋目的語」（S＋V＋O）。
「是」は判断動詞。「A是B」は、「A＝B」、つまり「AはBである」。
否定形「A不是B」は、「A≠B」、つまり「AはBではない」。

例 我**是**臺灣人。　　私は台湾人です。
　　　我**不是**田中。　　私は田中ではありません。

❷「是」の否定形は「不是」で、「沒是」は用いない。
❸ 疑問文は文末に「嗎」、あるいは諾否疑問文「是不是…？」、「是…不是？」を用いて疑問や不確定の意味を表す。

例 你是臺灣人嗎？　　你**是不是**臺灣人？　　你**是**臺灣人**不是**？
　　　（いずれも）あなたは台湾人ですか？

❹ 返答するときは、yes なら「是」（我是…）、no なら「不是」（我不是…）。

実用会話①　※下線部を🐯マーク以下の単語に置き換えて練習してみよう！

Q：你是<u>臺北人</u>嗎？　　　あなたは台北の方ですか？
A：是。我是<u>臺北人</u>。　　はい。私は台北の人間です。

単語	注音	ピンイン	品詞	意味
臺北人	ㄊㄞˊ ㄅㄟˇ ㄖㄣˊ	Táiběirén	（名）	台北の人
高雄人	ㄍㄠ ㄒㄩㄥˊ ㄖㄣˊ	Gāoxióngrén	（名）	高雄人
原住民	ㄩㄢˊ ㄓㄨˋ ㄇㄧㄣˊ	yuánzhùmín	（名）	原住民
日本人	ㄖˋ ㄅㄣˇ ㄖㄣˊ	Rìběnrén	（名）	日本人

単語	注音	ピンイン	品詞	意味
東京人	ㄉㄨㄥ ㄐㄧㄥ ㄖㄣˊ	Dōngjīngrén	（名）	東京の人
京都人	ㄐㄧㄥ ㄉㄨ ㄖㄣˊ	Jīngdūrén	（名）	京都の人
大阪人	ㄉㄚˋ ㄅㄢˇ ㄖㄣˊ	Dàbǎnrén	（名）	大阪の人

Q：這是<u>素食</u>嗎？　　これはベジ料理ですか？
A：這是葷食。　　　　これは肉料理です。

単語	注音	ピンイン	品詞	意味
素食	ㄙㄨˋ ㄕˊ	sùshí	（名）	ベジ料理
葷食	ㄏㄨㄣ ㄕˊ	hūnshí	（名）	肉料理
全素＊	ㄑㄩㄢˊ ㄙㄨˋ	quánsù	（名）	卵・乳製品を使っていないベジ料理
蛋奶素＊	ㄉㄢˋ ㄋㄞˇ ㄙㄨˋ	dànnǎisù	（名）	卵・乳製品を使っているベジ料理

＊台湾の食品には必ずこれらが表示されている。

ポイント

❶動詞述語文では、動詞が述語文の中心となる。通常、動詞1つにつき1個の目的語を伴うが、一部の動詞は複数の目的語を伴う場合もある。

　例　我吃**素食**。　　　私はベジ料理を食べます。（目的語：「素食」）
　　　我教**他華語**。　　私は彼に華語を教えています。（目的語：「他」「華語」）

❷初めて会う人、面識がない人、誰だか確信がもてない人に名前を確認するときには、「你是不是～？」を用いる。

　例　**你是不是**李小姐？　　あなたは李さんですか（李さんではありませんか）？

単語	注音	ピンイン	品詞	意味
吃	ㄔ	chī	（動）	食べる
教	ㄐㄧㄠ	jiāo	（動）	教える
華語	ㄏㄨㄚˊ ㄩˇ	Huáyǔ	（名）	台湾の中国語
李	ㄌㄧˇ	Lǐ	（名）	（人名・苗字）李
小姐	ㄒㄧㄠˇ ㄐㄧㄝˇ	xiǎojiě	（名）	主に未婚女性を呼ぶとき、または女性の名前の後ろにつける

Step 2

Thema

〈1〉数を問う「幾」
（いくつ、いくら）

〈2〉数を問う「多少」
（いくつの？、いくらの？）

〈1〉数を問う「幾」（いくつ？、いくら？）
幾個？　　何個ですか？

基本文

・幾杯？　　　何杯ですか？
・幾塊錢？　　いくらですか？

単語	注音	ピンイン	品詞	意味
幾	ㄐㄧˇ	jǐ	（代）	いくつ、いくら
杯	ㄅㄟ	bēi	（量）	コップ等の容器を数える量詞
塊	ㄎㄨㄞˋ	kuài	（量）	台湾の貨幣単位
錢	ㄑㄧㄢˊ	qián	（名）	お金

ポイント

❶ 物や人などの数・量をたずねるときは、疑問代名詞「幾」の後ろに量詞〈→いろいろな量詞：114頁参照〉を用いる。

❷ 「幾」は通常10以下の数量をたずねる場合に用いる。

❸「幾」は「十・百・千・萬・億」などの前、また、「十」の後ろに置いて使う。「十」の前後どちらに置くかで意味が異なることに注意。

> **例** 幾十塊錢？　　何十元ですか？
> 　　　十幾塊錢？　　十何元ですか？

❹「幾」と名詞との間の量詞を省略することできない。

> **例** ○幾杯茶？（お茶は何杯ですか？）　×幾茶？

❺「幾」は疑問代名詞。疑問代名詞を用いる文の文末に「嗎」は使わない。

> **例** ○幾杯？　何杯ですか？　×幾杯嗎？

実用会話①　※下線部を🐱マーク以下の単語に置き換えて練習してみよう！

Q：這個幾塊錢？　　これはいくらですか？
A：兩塊錢。　　　　2元です。

単語	注音	ピンイン	品詞	意味
這	ㄓㄜˋ(ㄓㄟˋ)	zhè(zhèi)	(代)	これ、この
個	・ㄍㄜ	ge	(量)	個
兩	ㄌㄧㄤˇ	liǎng	(数)	2
那	ㄋㄚˋ(ㄋㄟˋ)	nà(nèi)	(代)	あれ、それ、あの、その

実用会話②　※下線部を🐱マーク以下の単語に置き換えて練習してみよう！

Q：一共多少錢？　　全部でいくらですか？
A：一百塊。　　　　全部で百元です。

単語	注音	ピンイン	品詞	意味
一共	ㄧˊ ㄍㄨㄥˋ	yígòng	(副)	合計で、全部で
一	ㄧˋ	yì	(数)	1
百	ㄅㄞˇ	bǎi	(数)	100

単語	注音	ピンイン	品詞	意味
冰咖啡	ㄅㄥ ㄎㄚ ㄈㄟ	bīngkāfēi	（名）	アイスコーヒー
紅茶	ㄏㄨㄥˊ ㄔㄚˊ	hóngchá	（名）	紅茶
可樂	ㄎㄜˇ ㄌㄜ	kělè	（名）	コーラ
果汁	ㄍㄨㄛˇ ㄓ	guǒzhī	（名）	ジュース
蛋糕	ㄉㄢˋ ㄍㄠ	dàngāo	（名）	ケーキ

ポイント

❶「這」「那」の後ろに量詞がある場合、発音は、それぞれ「zhè」「nà」か、あるいは「zhèi」「nèi」で発音してもよい。

一方、「這」「那」の後ろに数詞がある場合は「zhè」「nà」の発音のみ。

❷数詞の「一」は第一声 (yī) と発音し、「一」の後ろの単語が、軽声と四声の場合「一」は第二声 (yí) に、一声・二声・三声の場合では「一」は第四声 (yì) の発音に変化する。例えば、以下の表のようになる。

単語	注音	ピンイン	意味
一個	ㄧˊ ˙ㄍㄜ	yíge	1個
一罐	ㄧˊ ㄍㄨㄢˋ	yíguàn	1缶
一杯	ㄧˋ ㄅㄟ	yìbēi	1杯（コップ）
一瓶	ㄧˋ ㄆㄧㄥˊ	yìpíng	1本（瓶）
一碗	ㄧˋ ㄨㄢˇ	yìwǎn	1杯（碗）

❸数詞の「二」は、量詞の前では「兩」を用いる。2桁以上の「二」は「二」を用いる。

  例 **兩**個。　　　2個です。
  　　十二個。　　12個です。

❹台湾貨幣の単位は「元」。ただし、口語ではよく「塊」を使う。

  例　幾**元**？ ＝　幾**塊**？ ＝　幾**塊**錢？　いくらですか？

Step 2

単語	注音	ピンイン	品詞	意味
元	ㄩㄢˊ	yuán	（量）	台湾の貨幣単位

〈2〉 数を問う「多少」（いくつ?、いくら?）
多少個？　　何個ですか？

基本文

・多少個？　　何個ですか？
・多少錢？　　いくらですか？

単語	注音	ピンイン	品詞	意味
多少	ㄉㄨㄛ ㄕㄠˇ	duōshǎo	（代）	いくつ、いくら

ポイント

❶「多少」の後ろには量詞がなくてもよい。ただし、「幾」を用いる場合は、「幾」と名詞との間の量詞を省略することできない。

　例　多少(塊)錢？　　いくらですか？
　　　幾塊錢？　　　　いくらですか？

❷「多少」は十以上の数量をたずねるときに用いる。
❸「多少」は疑問代名詞。疑問代名詞を用いる文の文末に「嗎」は使わない。
❹下の表を使って、数字の表し方を覚えよう！

【数字の表し方①】

単語	注音	ピンイン	品詞	意味
零	ㄌㄧㄥˊ	líng	（数）	0（零、ゼロ）
一	ㄧ	yī	（数）	1
二	ㄦˋ	èr	（数）	2
三	ㄙㄢ	sān	（数）	3
四	ㄙˋ	sì	（数）	4
五	ㄨˇ	wǔ	（数）	5

単語	注音	ピンイン	品詞	意味
六	ㄌㄧㄡˋ	liù	（数）	6
七	ㄑㄧ	qī	（数）	7
八	ㄅㄚ	bā	（数）	8
九	ㄐㄧㄡˇ	jiǔ	（数）	9
十	ㄕˊ	shí	（数）	10

実用会話① ※下線部を🐯マーク以下の単語に置き換えて練習してみよう！

Q：多少個？　　いくつありますか？
A：十二個。　　12個です。

単語	注音	ピンイン	品詞	意味
十二	ㄕˊㄦˋ	shí'èr	（数）	12
🐯				
十一	ㄕˊㄧ	shíyī	（数）	11

実用会話② ※下線部を🐯マーク以下の単語に置き換えて練習してみよう！

Q：多少錢？　　　　　いくらですか？
A：三百元（塊錢）。　300元です。

単語	注音	ピンイン	品詞	意味
三百	ㄙㄢ ㄅㄞˇ	sānbǎi	（数）	300
🐯				
一百	ㄧˋ ㄅㄞˇ	yìbǎi	（数）	100（百）
一千	ㄧˋ ㄑㄧㄢ	yìqiān	（数）	1000（千）
一萬	ㄧˊ ㄨㄢˋ	yíwàn	（数）	10000（万）

ポイント

❶「百」、「千」、「萬」などの単位の前には必ず数字（一〜九）が入る。ただし、「10〜19」の数では、単位を表す「十」の前に数字「一」は不要。
❷単位（桁）が飛ぶ場合（例えば1002など）には必ず「零」ゼロを入れる。
❶、❷それぞれ、以下の表で確認しよう！

【数字の表し方②】

単語	注音	ピンイン	品詞	意味
十一	ㄕˊ ㄧ	shíyī	（数）	11
一百	ㄧˋ ㄅㄞˇ	yìbǎi	（数）	100
一千一百一十一	ㄧˋ ㄑㄧㄢ ㄧˋ ㄅㄞˇ ㄧ ㄕˊ ㄧ	yìqiānyìbǎiyīshíyī	（数）	1111
一百零一	ㄧˋ ㄅㄞˇ ㄌㄧㄥˊ ㄧ	yìbǎilíngyī	（数）	101
一千零一	ㄧˋ ㄑㄧㄢ ㄌㄧㄥˊ ㄧ	yìqiānlíngyī	（数）	1001
一百一(十)	ㄧˋ ㄅㄞˇ ㄧ (ㄕˊ)	yìbǎiyī(shí)	（数）	110
一千一(百)	ㄧˋ ㄑㄧㄢ ㄧ (ㄅㄞˇ)	yìqiānyì(bǎi)	（数）	1100

Step 3

Thema

〈1〉 いろいろな量詞
〈2〉 指示代名詞
　　　「這」（これ）と「那」（それ）

〈1〉 いろいろな量詞
一個多少錢？　　１ついくらですか？

基本文

・一杯多少錢？　　一杯いくらですか？
・一斤多少錢？　　一斤いくらですか？

単語	注音	ピンイン	品詞	意味
斤	ㄐㄧㄣ	jīn	（量）	（重さの単位）１斤＝600g

ポイント

❶名詞を数えるときには、それぞれの名詞に対して決まった量詞を使う。
（量詞は、名詞によって使い分けがあるので注意！）
❷「個」という量詞は応用範囲が最も広く、よく使われている。
❸台湾の市場やお茶屋さんでは、よく重量の単位「斤」で量を計る。なお、「一斤」は600グラム。

実用会話① ※下線部を🐯マーク以下の単語に置き換えて練習してみよう！

Q：一<u>份</u>多少錢？　　一人前いくらですか？
A：五十塊錢。　　　50元です。

単語	注音	ピンイン	品詞	意味
份	ㄈㄣˋ	fèn	（量）	セットを数える量詞（〜人前）
🐯				
罐	ㄍㄨㄢˋ	guàn	（量）	缶を数える量詞
瓶	ㄆㄧㄥˊ	píng	（量）	瓶を数える量詞

実用会話② ※下線部を🐯マーク以下の単語に置き換えて練習してみよう！

Q：多少錢一<u>盒</u>？　　1ケース（箱）いくらですか？
A：三百元。　　　　300元です。

単語	注音	ピンイン	品詞	意味
盒	ㄏㄜˊ	hé	（量）	（小型の）ケース、箱を数える量詞
🐯				
箱	ㄒㄧㄤ	xiāng	（量）	大型の箱を数える量詞
包	ㄅㄠ	bāo	（量）	包んだ物を数える量詞
籠	ㄌㄨㄥˊ	lóng	（量）	せいろうを数える量詞

🐯 ポイント

❶量詞の後ろの目的語（名詞）が状況的に明らかな場合には、通常、その目的語は省略してしまうことが多い。

　　例　一瓶**啤酒**多少錢？　　ビール1本いくらですか？
　　　　→（「啤酒（ビール）」を省略）一瓶多少錢？　　1本いくらですか？

単語	注音	ピンイン	品詞	意味
啤酒	ㄆㄧˊ ㄐㄧㄡˇ	píjiǔ	(名)	ビール

〈2〉指示代名詞「這」(これ) と「那」(それ)
這是什麼？　これは何ですか？

基本文

- 這是什麼？　これは何ですか？
- 那是什麼？　それは何ですか？

単語	注音	ピンイン	品詞	意味
這	ㄓㄜˋ(ㄓㄟˋ)	zhè(zhèi)	(代)	これ、この
什麼	ㄕㄣˊ ˙ㄇㄜ	shénme	(代)	なに
那	ㄋㄚˋ(ㄋㄟˋ)	nà(nèi)	(代)	あれ、それ、あの、その

ポイント

❶「這」は、話し手に近い人や物事を指すときに用いる。
❷「那」は、比較的遠い場所の人や物事を指すときに用いる。
❸「這」「那」の後ろに名詞がある場合は、「這」「那」と名詞の間に数詞と量詞を用いなければならない。ただし、量詞の前の数が「一」の場合には、省略できる。

例　這(一)瓶啤酒很好喝。　このビールはとてもおいしいです。

単語	注音	ピンイン	品詞	意味
很	ㄏㄣˇ	hěn	(副)	とても
好喝	ㄏㄠˇ ㄏㄜ	hǎohē	(形)	(飲んで)おいしい

実用会話①

※下線部を🐯マーク以下の単語に置き換えて練習してみよう！

Q：這是什麼？　　　これは何ですか？
A：這是<u>芒果冰</u>？　これはマンゴーかき氷です。

単語	注音	ピンイン	品詞	意味
芒果冰	ㄇㄤˊ ㄍㄨㄛˇ ㄅㄧㄥ	mángguǒbīng	（名）	マンゴーかき氷
🐯				
刨冰	ㄅㄠˋ ㄅㄧㄥ	bàobīng	（名）	かき氷
雪花冰	ㄒㄩㄝˇ ㄏㄨㄚ ㄅㄧㄥ	xuěhuābīng	（名）	きめの細かい粉雪のようなかき氷

実用会話②

※下線部を🐯マーク以下の単語に置き換えて練習してみよう！

Q：那是什麼水果？　あれは何の果物ですか？
A：那是<u>楊桃</u>。　　あれはスターフルーツです。

単語	注音	ピンイン	品詞	意味
楊桃	ㄧㄤˊ ㄊㄠˊ	yángtáo	（名）	スターフルーツ
🐯				
芒果	ㄇㄤˊ ㄍㄨㄛˇ	mángguǒ	（名）	マンゴー
火龍果	ㄏㄨㄛˇ ㄌㄨㄥˊ ㄍㄨㄛˇ	huǒlóngguǒ	（名）	ドラゴンフルーツ

ポイント

❶疑問代名詞「什麼」は、物事などをたずねるときに用いる。単独で用いる場合は「何（ですか）？」という意味になる。なお、主語を伴う場合は、必ず動詞を入れなければならない。

|例| **什麼**？　　　何ですか？
　　你**吃**什麼？　あなたは何を食べますか？（主語「你」、動詞「吃」）

Step 4

Thema

〈1〉形容詞述語文
　　「主語＋形容詞」
〈2〉形容詞の諾否疑問文
　　（肯定＋否定）

〈1〉形容詞述語文「主語＋形容詞」
小籠包好吃嗎？　　小籠包は美味しいですか？

基本文

・魯肉飯好吃嗎？　　魯肉飯（台湾の豚肉煮込みかけ飯）は美味しいですか？
・擔仔麵好吃嗎？　　担仔麵（タンツーメン）は美味しいですか？

単語	注音	ピンイン	品詞	意味
小籠包	ㄒㄧㄠˇ ㄌㄨㄥˊ ㄅㄠ	xiǎolóngbāo	（名）	小籠包
好吃	ㄏㄠˇ ㄔ	hǎochī	（形）	（食べ物が）美味しい
魯肉飯	ㄌㄨˇ ㄖㄡˋ ㄈㄢˋ	lǔròufàn	（名）	台湾の豚肉煮込みかけ飯
擔仔麵	ㄉㄢ ㄗˇ ㄇㄧㄢˋ	dànzǐmiàn	（名）	担仔麵

ポイント

❶形容詞「好吃」は「食べて美味しい」、「好喝」は「飲んで美味しい」。
　例　小籠包**好吃**嗎？　　小籠包は美味しいですか？×小籠包好喝嗎？
　　　　臺灣啤酒**好喝**嗎？　　台湾ビールは美味しい？×臺灣啤酒好吃嗎？

❷「好」は、一部の動詞の前に置いて、形や姿、音などの感じが良いことを表すこともある。

例 好看。　　　見ていて気持ちが良いです。（見た目がきれいです。）
　　　好聽。　　　聞いていて心地よいです。

❸形容詞述語文の疑問文の文末には「嗎」を用いる。

例 好看嗎？　　見ていて気持ちが良いですか？
　　　　　　　　（見た目がきれいですか？）
　　　好聽嗎？　　聞いていて心地よいですか？

単語	注音	ピンイン	品詞	意味
好看	ㄏㄠˇ ㄎㄢˋ	hǎokàn	（形）	見ていて心地よい、見た目がきれいだ
好聽	ㄏㄠˇ ㄊㄧㄥ	hǎotīng	（形）	聞いていて心地よい

実用会話①
※下線部を🐼マーク以下の単語に置き換えて練習してみよう！

Q：臭豆腐好吃嗎？　　臭豆腐（発酵させた豆腐）は美味しいですか？
A：好吃。　　　　　　美味しいです。

単語	注音	ピンイン	品詞	意味
臭豆腐	ㄔㄡˋ ㄉㄡˋ ㄈㄨ˙	chòudòufǔ	（名）	臭豆腐（発酵させた豆腐）
水餃	ㄕㄨㄟˇ ㄐㄧㄠˇ	shuǐjiǎo	（名）	水餃子
炒飯	ㄔㄠˇ ㄈㄢˋ	chǎofàn	（名）	チャーハン

実用会話②
※下線部を🐼マーク以下の単語に置き換えて練習してみよう！

Q：電影好看嗎？　　映画はおもしろいですか？
A：不好看。　　　　おもしろくないです。

単語	注音	ピンイン	品詞	意味
電影	ㄉㄧㄢˋ ㄧㄥˇ	diànyǐng	（名）	映画

単語	注音	ピンイン	品詞	意味
連續劇	ㄌㄧㄢˊ ㄒㄩˋ ㄐㄩˋ	liángxùjù	（名）	連続ドラマ

ポイント

❶センテンスの主要素が形容詞から成っている文を、形容詞述語文という。
❷形容詞述語文の基本は、「主語＋「很」＋形容詞」。
　このように、形容詞述語文の肯定文には、「很」（とても）を入れなくてはならないが、多くの場合、この「很」には「とても」という意味づけはほとんどない。単なる「かざり」として用いられる。

　例　昨天**很**熱。　　昨日は暑かったです。（「昨日はとても暑かった」という意味合いは特にはない）

❸形容詞述語文の疑問文と返答文以外では、「很」を入れない場合には、"対比"の文になる。

　例　昨天**熱**，今天**不熱**。　　昨日は暑かったけれど、（昨日に比べれば）今日は暑くありません。

❹形容詞述語文には、基本的には「是」は使わない。

単語	注音	ピンイン	品詞	意味
昨天	ㄗㄨㄛˊ ㄊㄧㄢ	zuótiān	（名）	昨日
今天	ㄐㄧㄣ ㄊㄧㄢ	jīntiān	（名）	今日
很	ㄏㄣˇ	hěn	（副）	とても
熱	ㄖㄜˋ	rè	（形）	（天気が）暑い

〈2〉形容詞の諾否疑問文（肯定＋否定）
忙不忙？　　忙しいですか（忙しくないですか）？

基本文

・甜不甜？　　甘いですか（甘くないですか）？

・遠不遠？　　遠いですか（遠くないですか）？

単語	注音	ピンイン	品詞	意味
忙	ㄇㄤˊ	máng	（形）	忙しい
甜	ㄊㄧㄢˊ	tián	（形）	甘い
遠	ㄩㄢˇ	yuǎn	（形）	遠い

ポイント

❶形容詞述語文の諾否疑問文は「形容詞の肯定＋否定」となる。
❷諾否疑問文の文末には「嗎」をつけない。
❸諾否疑問文は、文末に「嗎」をつける疑問文よりやや穏やかなニュアンスになるので、会話によく用いられる。
❹一部の形容詞は、重複して用いることがある。重複して用いることで、その形容詞が表している状態の程度がより高いことを表す。

　例　一音節の形容詞の場合：「慢」（速度が）遅い
　　　　　　　　　　　　　　「慢慢」ゆっくりと
　　　二音節の形容詞の場合：「高興」楽しい
　　　　　　　　　　　　　　「高高興興」（飛びはねるくらい）楽しい（「高興」より状態が高まる）

❺一音節の形容詞の重複＋動詞は「地」を入れても入れなくてもいい。
　二音節の形容詞の重複＋動詞は「地」を入れなければならない。
　例　慢慢(地)走。　　　ゆっくり歩きます（ゆっくりを強調したいとき）。
　　　高高興興地玩。　　楽しく楽しく遊びます（楽しさを強調したいとき）。

単語	注音	ピンイン	品詞	意味
慢	ㄇㄢˋ	màn	（形）	（速度が）遅い
走	ㄗㄡˇ	zǒu	（動）	歩く
地	•ㄉㄧ (•ㄉㄜ)	di (de)	（助）	形容詞の後ろに置いて、形容詞を副詞化する
高興	ㄍㄠ ㄒㄧㄥˋ	gāoxìng	（形）	うれしい、楽しい
玩	ㄨㄢˊ	wán	（動）	遊ぶ

実用会話① ※下線部を🐯マーク以下の単語に置き換えて練習してみよう！

Q：菜包<u>熱</u>不<u>熱</u>？　野菜まんはアツアツですか（アツアツではないですか）？
A：不<u>熱</u>。　　　　　アツアツではありません。

単語	注音	ピンイン	品詞	意味
菜包	ㄘㄞˋ ㄅㄠ	càibāo	（名）	野菜まん
熱	ㄖㄜˋ	rè	（形）	（物が）熱い
🐯				
好吃	ㄏㄠˇ ㄔ	hǎochī	（形）	（食べ物が）美味しい

実用会話② ※下線部を🐯マーク以下の単語に置き換えて練習してみよう！

Q：<u>湯</u>好喝不好喝？　スープは美味しいですか？
A：不太好喝。　　　　あまり美味しくありません。

単語	注音	ピンイン	品詞	意味
湯	ㄊㄤ	tāng	（名）	スープ
好喝	ㄏㄠˇ ㄏㄜ	hǎohē	（形）	（飲んで）美味しい
不太	ㄅㄨˋ ㄊㄞˋ	bútài	（組）*	あまり…ではない
🐯				
紹興酒	ㄕㄠˋ ㄒㄧㄥ ㄐㄧㄡˇ	Shàoxīngjiǔ	（名）	紹興酒

＊（組）＝組句。2つ以上の品詞でできたフレーズ（→単語ノート編217頁参照）

🐯 ポイント

❶諾否疑問文での2音節の形容詞は、下記のような形になる。
　例　好吃不好吃？　＝　**好**不**好吃**？　（食べて）美味しいですか（美味しくないですか）？

❷会話ではよく「好不好吃？」を用いる。

Step 5

Thema

〈1〉名詞述語文／曜日の言い方
〈2〉名詞述語文／日付の言い方

〈1〉名詞述語文／曜日のいい方
今天星期幾？　　今日は何曜日ですか？

基本文

・今天星期幾？　　今日は何曜日ですか？
・明天星期幾？　　明日は何曜日ですか？

単語	注音	ピンイン	品詞	意味
今天	ㄐㄧㄣ ㄊㄧㄢ	jīntiān	（名）	今日
星期	ㄒㄧㄥ ㄑㄧˊ	xīngqí	（名）	曜日
明天	ㄇㄧㄥˊ ㄊㄧㄢ	míngtiān	（名）	明日

ポイント

❶「是」を省略して、主語の次に直接、疑問代名詞や名詞、数量詞が述語となる文を、「名詞述語文」という。主に話し言葉で使う。

　例　明天雨天。　　明日の天気は雨です。（「明天是雨天」の「是」を省略）

❷曜日、年月日、時間などをたずねるときは「幾」を用いる〈→ 128 頁以下で詳説〉。

実用会話① ※下線部を🐯マーク以下の単語に置き換えて練習してみよう！

Q：昨天星期幾？　　昨日は何曜日ですか？
A：昨天星期天。　　昨日は日曜日です。

単語	注音	ピンイン	品詞	意味
昨天	ㄗㄨㄛˊ ㄊㄧㄢ	zuótiān	（名）	昨日
🐯				
前天	ㄑㄧㄢˊ ㄊㄧㄢ	qiántiān	（名）	一昨日、おととい
大前天	ㄉㄚˋ ㄑㄧㄢˊ ㄊㄧㄢ	dàqiántiān	（名）	さきおととい

実用会話② ※下線部を🐯マーク以下の単語に置き換えて練習してみよう！

Q：今天禮拜幾？　　　今日は何曜日ですか？
A：今天禮拜天(日)。　今日は日曜日です。

単語	注音	ピンイン	品詞	意味
禮拜	ㄌㄧˇ ㄅㄞˋ	lǐbài	（名）	曜日
禮拜天(日)	ㄌㄧˇ ㄅㄞˋ ㄊㄧㄢ (ㄖˋ)	lǐbàitiān(rì)	（名）	日曜日
🐯				
後天	ㄏㄡˋ ㄊㄧㄢ	hòutiān	（名）	明後日、あさって
大後天	ㄉㄚˋ ㄏㄡˋ ㄊㄧㄢ	dàhòutiān	（名）	しあさって

🐯 ポイント

❶曜日のいい方として、「星期～」のほかによく「禮拜～」が用いられる。
　例　星期一 ＝ 禮拜一　　月曜日
　　　　星期二 ＝ 禮拜二　　火曜日
❷日曜日は「禮拜天」と「禮拜日」の２通りがある。「禮拜天」は会話でよく用いられる。
❸曜日の表し方を、以下の表で確認しよう！

【曜日の表し方】

単語	注音	ピンイン	品詞	意味
星期一	ㄒㄧㄥ ㄑㄧˊ ㄧ	xīngqíyī	（名）	月曜日
星期二	ㄒㄧㄥ ㄑㄧˊ ㄦˋ	xīngqí'èr	（名）	火曜日
星期三	ㄒㄧㄥ ㄑㄧˊ ㄙㄢ	xīngqísān	（名）	水曜日
星期四	ㄒㄧㄥ ㄑㄧˊ ㄙˋ	xīngqísì	（名）	木曜日
星期五	ㄒㄧㄥ ㄑㄧˊ ㄨˇ	xīngqíwǔ	（名）	金曜日
星期六	ㄒㄧㄥ ㄑㄧˊ ㄉㄧㄡˋ	xīngqíliù	（名）	土曜日
星期天	ㄒㄧㄥ ㄑㄧˊ ㄊㄧㄢ	xīngqítiān	（名）	日曜日
星期日	ㄒㄧㄥ ㄑㄧˊ ㄖˋ	xīngqírì	（名）	日曜日

〈2〉名詞述語文／日付のいい方
今天幾月幾號？　　今日は何月何日ですか？

基本文

- 情人節幾月幾號？　　バレンタインデーは何月何日ですか？
- 春節幾月幾號？　　旧暦の正月は何月何日ですか？

単語	注音	ピンイン	品詞	意味
月	ㄩㄝˋ	yuè	（名）	月
號	ㄏㄠˋ	hào	（名）	日
情人節	ㄑㄧㄥˊ ㄖㄣˊ ㄐㄧㄝˊ	Qíngrénjié	（名）	バレンタインデー
春節	ㄔㄨㄣ ㄐㄧㄝˊ	Chūnjié	（名）	旧暦の正月

ポイント

❶ 何日の「日」は会話ではよく「號」を用いるが、新聞や雑誌などでは「日」を使う。

　例　二月十四**號** ＝ 二月十四**日**　　2月14日

単語	注音	ピンイン	品詞	意味
日	ㄖˋ	rì	（名）	日

❷ 「いつ」を表す単語を下の表で覚えよう！

【「いつ」を表す単語】

単語	注音	ピンイン	品詞	意味
大前天	ㄉㄚˋ ㄑㄧㄢˊ ㄊㄧㄢ	dàqiántiān	（名）	さきおととい
前天	ㄑㄧㄢˊ ㄊㄧㄢ	qiántiān	（名）	一昨日、おととい
昨天	ㄗㄨㄛˊ ㄊㄧㄢ	zuótiān	（名）	昨日
今天	ㄐㄧㄣ ㄊㄧㄢ	jīntiān	（名）	今日
明天	ㄇㄧㄥˊ ㄊㄧㄢ	míngtiān	（名）	明日
後天	ㄏㄡˋ ㄊㄧㄢ	hòutiān	（名）	明後日、あさって
大後天	ㄉㄚˋ ㄏㄡˋ ㄊㄧㄢ	dàhòutiān	（名）	しあさって

実用会話① ※下線部を🐱マーク以下の単語に置き換えて練習してみよう！

Q：情人節幾月幾號？　　　バレンタインデーは何月何日ですか？
A：情人節 二月十四號。　バレンタインデーは二月十四日です。

単語	注音	ピンイン	品詞	意味
🐱				
中秋節	ㄓㄨㄥ ㄑㄧㄡ ㄐㄧㄝˊ	Zhōngqiūjié	（名）	中秋節（旧暦8月15日）
八月十五號	ㄅㄚ ㄩㄝˋ ㄕˊ ㄨˇ ㄏㄠˋ	bāyuèshíwǔhào	（組）	8月15日

実用会話② ※下線部を🐱マーク以下の単語に置き換えて練習してみよう！

Q：妳的生日三月一號嗎？　　あなたの誕生日は3月1日ですか？
A：我的生日不是三月一號。　私の誕生日は3月1日ではありません。

単語	注音	ピンイン	品詞	意味
妳	ㄋㄧˇ	nǐ	（代）	（女性の第二人称）あなた
的	・ㄉㄜ	de	（助）	…の
生日	ㄕㄥ ㄖˋ	shēngrì	（名）	誕生日
他	ㄊㄚ	tā	（代）	（男性の第三人称）彼
她	ㄊㄚ	tā	（代）	（女性の第三人称）彼女

ポイント

❶名詞述語文は、日時、年齢、国籍、出身地、数量などを表す場合に限られている。

例　日時：　　今天三月三號？　　　今日は3月3日です。
　　　年齢：　　她二十歲。　　　　　彼女は20歳です。
　　　国籍：　　他臺灣人。　　　　　彼は台湾人です。
　　　出身地：他臺北人。　　　　　　彼は台北人です。
　　　数量：　　蚵仔煎三十塊錢。　　蚵仔煎（オアチェン）は30元です。

❷名詞述語文の否定文では、「是」を省略することはできない。

例　○他不**是**臺灣人。　　彼は台湾人ではありません。　　×他不臺灣人。

単語	注音	ピンイン	品詞	意味
蚵仔煎	オアジィェン*		（名）	（台湾の代表的な小吃）カキ入りのオムレツ

＊蚵仔煎は台湾語で「オアジィェン」と発音する。

Step 6

Thema

〈1〉時間の表現
　　（何時、何分）
〈2〉時間の長さ
　　（…時間、…日間、どのくらい？）

〈1〉時間の表現（何時、何分）
幾點到機場？　　何時に空港に着きますか？

基本文

- 幾點到飯店？　　何時にホテルに着きますか？
- 幾點集合？　　何時に集合しますか？

単語	注音	ピンイン	品詞	意味
點	ㄉㄧㄢˇ	diǎn	（量）	（時刻の単位）時
到	ㄉㄠˋ	dào	（動）	着く、到着する
飯店	ㄈㄢˋ ㄉㄧㄢˋ	fàndiàn	（名）	ホテル
集合	ㄐㄧˊ ㄏㄜˊ	jíhé	（動）	集合する

ポイント

❶時刻を表すときは、「點」（時）と「分」（分）を用いる。
❷「何時から何時まで」を表すときは、「從～到～」を用いる。
　例　從幾點到幾點？　　何時から何時までですか？

単語	注音	ピンイン	品詞	意味
分	ㄈㄣ	fēn	(量)	(時刻の単位)　時
從	ㄘㄨㄥˊ	cóng	(前)	(時間などの起点)…から
到	ㄉㄠˋ	dào	(前)	(時間などの終点)…まで

実用会話①
※下線部を🐱マーク以下の単語に置き換えて練習してみよう！

Q：現在幾點？　　　今何時ですか？
A：差<u>五</u>分三點。　　あと5分で3時です。

単語	注音	ピンイン	品詞	意味
現在	ㄒㄧㄢˋ ㄗㄞˋ	xiànzài	(名)	今、現在
差	ㄔㄚˋ	chà	(動)	不足する、満たない
🐱				
十	ㄕˊ	shí	(数)	十

実用会話②
※下線部を🐱マーク以下の単語に置き換えて練習してみよう！

Q：幾點到機場？　　何時に空港に着きますか？
A：三點<u>一刻</u>。　　3時15分です。

単語	注音	ピンイン	品詞	意味
刻	ㄎㄜˋ	kè	(量)	(時間の単位)「一刻」=15分
🐱				
三刻	ㄙㄢ ㄎㄜˋ	sānkè	(数量)	45分

ポイント

❶「刻」は時間の単位で、「一刻」は15分、「三刻」は45分。
❷ 3時15分は「三點一刻」=「三點十五分」、3時半は「三點半」=「三點三十分」、3時45分は「三點三刻」=「三點四十五分」

❸「3時45分」は、言い換えれば「4時15分前」。このように「○時△分前」というときには、下の例のように「差」を使う。「差」は「足りない」ことを表す。「あと△分で○時になる」＝「○時まで△分足りない」ということ。

> 例 **差**五分三點。　　あと5分で3時です。（3時5分前）

〈2〉時間の長さ（…時間、…日間、どのくらい？）
要幾個小時？　　何時間かかりますか？

基本文

- 要幾天？　　　　何日かかりますか？
- 要幾個星期？　　何週間かかりますか？

単語	注音	ピンイン	品詞	意味
要	一ㄠˋ	yào	（動）	かかる
小時	ㄒㄧㄠˇ ㄕˊ	xiǎoshí	（名）	（時間の長さ）時間
天	ㄊㄧㄢ	tiān	（名）	（日数）日

ポイント

❶「小時」（～時間）は時間の長さを表す。口語ではよく「鐘頭」を用いる。「小時」「鐘頭」などの名詞には、量詞「個」を付けなければならない。

> 例 一個小時 ＝ 一個鐘頭　　1時間

❷一方で、「天」「年」「分（鐘）」などの名詞は量詞も兼ねているので、「個」などの量詞は不要。

> 例 ○一**天**　　1日　　　×一個天
>   ○一**年**　　1年間　　×一個年

単語	注音	ピンイン	品詞	意味
鐘頭	ㄓㄨㄥ ㄊㄡˊ	zhōngtóu	（名）	（時間の長さ）時間
年	ㄋㄧㄢˊ	nián	（名）	（時間の単位）年

実用会話①　※下線部を🐯マーク以下の単語に置き換えて練習してみよう！

Q：要等幾分鐘？　　　何分待たなければなりませんか？
A：要等三十分鐘。　　30分待たなければなりません。

単語	注音	ピンイン	品詞	意味
要	ㄧㄠˋ	yào	（能）	…しなければならない
等	ㄉㄥˇ	děng	（動）	待つ
🐯				
坐	ㄗㄨㄛˋ	zuò	（動）	（乗り物に）乗る

実用会話②　※下線部を🐯マーク以下の単語に置き換えて練習してみよう！

Q：要學幾年？　　　何年勉強しなければなりませんか？
A：要學三年。　　　3年勉強しなければなりません。

単語	注音	ピンイン	品詞	意味
學	ㄒㄩㄝˊ	xué	（動）	学ぶ
🐯				
去	ㄑㄩˋ	qù	（動）	行く

🐯 ポイント

●1時間や1年間などの時間の長さは、動詞あるいは目的語の後に入れる。

　例　我學一**年**華語。　　私は華語を1年勉強します。
　　　我學華語一**年**。　　私は華語を1年勉強します。

Step 7

Thema

〈1〉能願助動詞の「想」（…したい）
〈2〉能願助動詞の「要」（…したい）
〈3〉能願助動詞の「會」「能」「可以」（…できる）

〈1〉能願助動詞の「想」（…したい）
你想去超市嗎？　　スーパーに行きたいですか？

基本文

・你想去臺灣嗎？　　あなたは台湾に行きたいですか？
・你想看電影嗎？　　あなたは映画を見たいですか？

単語	注音	ピンイン	品詞	意味
想	ㄒㄧㄤˇ	xiǎng	（能）（動）	…したい
超市	ㄔㄠ ㄕˋ	chāoshì	（名）	スーパー（マーケット）
看	ㄎㄢˋ	kàn	（動）	見る
電影	ㄉㄧㄢˋ ㄧㄥˇ	diànyǐng	（名）	映画

ポイント

❶能願助動詞「想」は、動詞の前に置いて、願望や要求などを表す。後述の「要」も基本的には「想」と同様〈→ 134 頁参照〉。

> **例** 我**想**去臺灣。　　　わたしは台湾に行きたいです。
> 　　　我**要**去洗手間。　　わたしはお手洗いに行きたいです。

❷「…したい」（願望、要求）を表す「想」には、動詞と能願助動詞の２つの品詞がある。文中に他の動詞があれば、「想」は能願助動詞として動詞の前に置かれる。他に動詞がない場合には、「想」は動詞として用いられている。

> **例** 你**想**去買東西嗎？　（「想」は能願助動詞）買い物に行きたいですか？
> 　　　我**想**家。　　　　　（「想」は動詞）家が恋しいです。
> 　　　　　　　　　　　　　（私はホームシックにかかっています。）

単語	注音	ピンイン	品詞	意味
要	一ㄠˋ	yào	（能）（動）	したい
洗手間	ㄒㄧˇ ㄕㄡˇ ㄐㄧㄢ	xǐshǒujiān	（名）	お手洗い
買	ㄇㄞˇ	mǎi	（動）	買う
東西	ㄉㄨㄥ ㄒㄧ	dōngxī	（名）	物
家	ㄐㄧㄚ	jiā	（名）	家

実用会話①　※下線部をマーク以下の単語に置き換えて練習してみよう！

Q：你想去<u>逛街</u>嗎？　　街をぶらぶら見物しに行きたいですか？
A：我不想去<u>逛街</u>。　　私は街の見物には行きたくありません。

単語	注音	ピンイン	品詞	意味
逛街	ㄍㄨㄤˋ ㄐㄧㄝ	guàngjiē	（組）	街をぶらぶら歩く、見物する
兜風	ㄉㄡ ㄈㄥ	dōufēng	（動）	ドライブする

〈2〉能願助動詞の「要」(…したい)
你要喝紹興酒嗎？　　紹興酒を飲みたいですか？

基本文

・你要喝啤酒嗎？　　ビールを飲みたいですか？
・你要吃炒飯嗎？　　チャーハンを食べたいですか？

ポイント

❶ 能願助動詞＋動詞の文では、否定の「不」は能願助動詞の前に置く。

例　我**不要**去逛街。　　私は街をぶらつきたくありません。

❷「…したい」(願望・要望)を表す「要」には、「想」と同様〈→133頁〉、能願助動詞と動詞の2つの品詞がある。

❸「要」は、前出の「想」より「…したい」という意志・願望の程度が強い。「要」の否定形ではよく「不想」を用いられるが、これは、「不想」のほうが「不要」より柔らかい表現になるため。

例　你**要**喝茶嗎？　　お茶を飲みたいですか？
　　　我**不想**喝。　　　私は飲みたくありません。(結構です。)

実用会話①　※下線部を🐼マーク以下の単語に置き換えて練習してみよう！

Q：你要喝<u>紹興酒</u>嗎？　　紹興酒を飲みたいですか？
A：我不要喝<u>紹興酒</u>。　　紹興酒は飲みたくありません。

単語	注音	ピンイン	品詞	意味
喝	ㄏㄜ	hē	(動)	飲む
紹興酒	ㄕㄠˋ ㄒㄧㄥ ㄐㄧㄡˇ	Shàoxīngjiǔ	(名)	紹興酒
苦茶	ㄎㄨˇ ㄔㄚˊ	kǔchá	(名)	クウチャーは漢方茶の一種

〈3〉能願助動詞の「會」「能」「可以」(…できる)
你會說日語嗎？　あなたは日本語ができますか？

基本文

- 你會說華語嗎？　　あなたは華語を話すことができますか？
- 你會英語嗎？　　　あなたは英語ができますか？

単語	注音	ピンイン	品詞	意味
會	ㄏㄨㄟˋ	huì	(能) (動)	（技能などが）できる、修得する
能	ㄋㄥˊ	néng	(能)	（技能などが）できる
可以	ㄎㄜˇ ㄧˇ	kěyǐ	(能)	（許可で）…してもよい
說	ㄕㄨㄛ	shuō	(動)	話す
日語	ㄖˋ ㄩˇ	Rìyǔ	(名)	日本語
英語	ㄧㄥ ㄩˇ	Yīngyǔ	(名)	英語

ポイント

❶能願助動詞「會」「能」「可以」(…できる)は、いずれも動詞の前に置かれ、能力・可能・許可などを表す。

❷「會」(…できる)は、学習により身につけた技能などを表す。

❸「會」には、能願助動詞と動詞の2つの品詞がある。

例　你**會**打太極拳嗎？　（「會」は能願助動詞）太極拳をすることができますか？

　　　你**會**太極拳嗎？　　（「會」は動詞）太極拳ができますか？

単語	注音	ピンイン	品詞	意味
太極拳	ㄊㄞˋ ㄐㄧˊ ㄑㄩㄢˊ	tàijíquán	(名)	太極拳

実用会話①　※下線部を🐯マーク以下の単語に置き換えて練習してみよう！

Q：你會<u>開車</u>嗎？　　あなたは（車を）運転できますか？
A：我不會<u>開車</u>。　　わたしは（車を）運転できません。

単語	注音	ピンイン	品詞	意味
開車	ㄎㄞ ㄔㄜ	kāichē	（組）	（車を）運転する
🐯				
抽煙	ㄔㄡ ㄧㄢ	chōuyān	（動）	タバコを吸う

実用会話②　※下線部を🐯マーク以下の単語に置き換えて練習してみよう！

Q：你能<u>開車</u>嗎？　　あなたは（車を）運転できますか？
A：我不能<u>開車</u>。　　わたしは（車を）運転できません。

単語	注音	ピンイン	品詞	意味
🐯				
喝酒	ㄏㄜ ㄐㄧㄡˇ	hējiǔ	（組）	酒を飲む

🐯 ポイント

❶「能」は「ある条件のもとで、できるかどうか？」を表す場合に用いる。

　例　我不**能**開車。　　私は運転することができません。

　この場合、「運転免許を持っているので通常は運転できるが、お酒を飲んでいるので、今は運転することができない」というような意味になる。

　一方、

　　　我不**會**開車。　　私は運転することができません。

　この場合は、「私はそもそも運転免許を持っていないので、運転することができない」というような意味になる。

❷「能」は「會」と同様に、学習により身につけた技能を表す。
　また、「私は英語を話すことができます」という場合、「會」を使って「我會說英語」と言ったほうが、「能」を使って「我能說英語」と言うよりも、英語がより上手に話せるという意味になる。そのため、人に英語が話せるかどうかをたずねるときには、「會」を用いてたずねることが多い。
❸「能」は能力範囲を表すこともある。
　　例　我**能**喝三瓶酒。　　私はお酒を3本飲むことができます。
❹「可以」（…できる）は、許可などを表す。
　　例　我**可以**進去嗎？　　入ってもよろしいですか？
　これは「我能進去嗎？」（入ってもいいですか？）よりも丁寧な言い方になる。「可以」は英語の may に、「能」は英語の can にあたると考えてよい。
❺否定文は能願助動詞の前に「不」を置く。
　　例　我**不能**開車。　　　私は運転することができません。
　　　　我**不會**打太極拳。　私は太極拳をすることができません。
　　　　你**不可以**進去。　　（あなたは）入ってはいけません。
❻疑問文には、以下の2通りの型がある。
　　例　你**會**打太極拳嗎？　　太極拳をすることができますか？
　　　　你**會不會**打太極拳？　太極拳をすることができますか（できませんか）？

単語	注音	ピンイン	品詞	意味
進去	ㄐㄧㄣˋ ㄑㄩˋ	jìnqù	（動）	（中へ）入っていく

Step 8

Thema

〈1〉疑問代名詞「什麼時候」
　　（いつ？）

〈2〉疑問代名詞「哪裡」
　　（どこ？）

〈1〉疑問代名詞「什麼時候」（いつ？）
什麼時候來？　　いつ来ますか？

基本文

・什麼時候來？　　いつ来ますか？
・什麼時候去？　　いつ行きますか？

単語	注音	ピンイン	品詞	意味
什麼時候	ㄕㄣˊ ・ㄇㄜ ㄕˊ ㄏㄡˋ	shénmeshíhòu	（代）	いつ
來	ㄌㄞˊ	lái	（動）	来る
去	ㄑㄩˋ	qù	（動）	行く

ポイント

❶疑問代名詞には、「誰」（誰）、「什麼時候」（いつ）、「哪裡」（どこ）、「什麼」（何）などがある。

❷「什麼時候～？」文の基本型は、「什麼時候＋動詞＋（名詞）」。

　例　**什麼時候去臺灣？**　　いつ台湾へ行くのですか？

❸疑問代名詞を用いる疑問文は、たずねたい要素の部分に疑問代名詞を入れる。

|例| 他　明天　去超市　買水果。
　　　（誰）（いつ）（どこで）（何を）
　　　彼は　明日　スーパーマーケットに　行って　果物を買います。

という述語文の場合には、以下のように、たずねたい要素をそれぞれに応じた疑問代名詞に置き換えて、疑問文をつくる。

・**誰**明天去超市買水果？
　誰が明日スーパーマーケットに行って果物を買いますか？
・他**什麼時候**去超市買水果？
　彼はいつスーパーマーケットに行って果物を買いますか？
・他明天去**哪裡**買水果？
　彼は明日どこに行って果物を買いますか？
・他明天去超市買**什麼**？
　彼は明日スーパーマーケットに行って何を買いますか？

❹基本的には疑問代名詞の疑問文の文末には「嗎」をつけない。

単語	注音	ピンイン	品詞	意味
誰	ㄕㄟˊ（ㄕㄨㄟˊ）	shéi(shuí)	（代）	誰
哪裡	ㄋㄚˇ ㄌㄧˇ	nǎlǐ	（代）	どこ

実用会話①　※下線部を🐱マーク以下の単語に置き換えて練習してみよう！

Q：你什麼時候去臺灣？　　いつ台湾へ行きますか？
A：下個星期。　　　　　　来週です。

単語	注音	ピンイン	品詞	意味
下個星期	ㄒㄧㄚˋ ˙ㄍㄜ ㄒㄧㄥ ㄑㄧˊ	xiàgexīngqí	（名）	来週
🐱				
臺北	ㄊㄞˊ ㄅㄟˇ	Táiběi	（名）	台北

実用会話②

Q：什麼時候吃的？　　いつ食べたの？
A：傍晚吃的。　　　　夕方食べました。

単語	注音	ピンイン	品詞	意味
傍晚	ㄅㄤ ㄨㄢˇ	bāngwǎn	（名）	夕方

ポイント

❶すでに終わった事柄、（動作などが）完了した事柄、強調したい事柄をたずねるときには、文末に「的」（…したのか？）を用いる。

|例| 你什麼時候來**的**？　　いつ来たのですか？
　　　上個月來**的**。　　　　先月来ました。

❷目的語がある場合は、通常、主語の前に置く。

|例| 臺灣你什麼時候來的？　　台湾にはいついらしたのですか？

❸「いつ？」の疑問文に答えるときに使う、日時に関する単語を、下の表で確認しておこう！

【日時に関する単語】

単語	注音	ピンイン	品詞	意味
上個星期	ㄕㄤˋ ˙ㄍㄜ ㄒㄧㄥ ㄑㄧˊ	shànggexīngqí	（名）	先週
這個星期	ㄓㄜˋ ˙ㄍㄜ ㄒㄧㄥ ㄑㄧˊ	zhègexīngqí	（名）	今週
下個星期	ㄒㄧㄚˋ ˙ㄍㄜ ㄒㄧㄥ ㄑㄧˊ	xiàgexīngqí	（名）	来週
上個月	ㄕㄤˋ ˙ㄍㄜ ㄩㄝˋ	shànggeyuè	（名）	先月
這個月	ㄓㄜˋ ˙ㄍㄜ ㄩㄝˋ	zhègeyuè	（名）	今月
下個月	ㄒㄧㄚˋ ˙ㄍㄜ ㄩㄝˋ	xiàgeyuè	（名）	来月
早上	ㄗㄠˇ ㄕㄤˋ	zǎoshàng	（名）	朝
上午	ㄕㄤˋ ㄨˇ	shàngwǔ	（名）	午前
中午	ㄓㄨㄥ ㄨˇ	zhōngwǔ	（名）	正午
下午	ㄒㄧㄚˋ ㄨˇ	xiàwǔ	（名）	午後

単語	注音	ピンイン	品詞	意味
傍晚	ㄅㄤ ㄨㄢˇ	bāngwǎn	（名）	夕方
晚上	ㄨㄢˇ ㄕㄤˋ	wǎnshàng	（名）	夜

〈2〉疑問代名詞「哪裡」（どこ？）
故宮在哪裡？　　故宮はどこですか？

基本文

・故宮博物院在哪裡？　　故宮博物院はどこにありますか？
・你在哪裡？　　あたなはどこにいますか？

単語	注音	ピンイン	品詞	意味
故宮博物院	ㄍㄨˋ ㄍㄨㄥ ㄅㄛˊ ㄨˋ ㄩㄢˋ	gùgōngbówùyuàn	（名）	故宮博物院
在	ㄗㄞˋ	zài	（動）	ある、いる
哪裡	ㄋㄚˇ ㄌㄧˇ	nǎlǐ	（代）	どこ

ポイント

❶場所をたずねる疑問詞には「哪裡」と「哪兒」がある。口語では「哪裡」のほうをよく用いる。

❷場所をたずねる際は、まずは「哪裡」「哪兒」を用いるのが一般的。さらに細かく場所を絞って限定するときに「什麼地方」を用いる。

例　故宮博物院在**哪裡**？　　故宮博物院はどこにありますか？
　　　在臺北。　　　　　　　　台北にあります。
　　　在臺北的**什麼地方**？　　台北のどのへんにありますか？
　　　在臺北的士林區。　　　　台北の士林区にあります。

単語	注音	ピンイン	品詞	意味
什麼地方	ㄕㄜˊ ・ㄇㄜ ㄉㄧˋ ㄈㄤ	shénmedìfāng	(代)	どこ、どんなところ
士林區	ㄕˋ ㄌㄧㄣˊ ㄑㄩ	Shìlínqū	(名)	台北市内12区の中の一つ

実用会話①
※下線部を🐼マーク以下の単語に置き換えて練習してみよう！

Q：<u>捷運站</u>在哪裡？　　捷運駅はどこにありますか？
A：<u>捷運站</u>在那裡。　　捷運駅はあそこにあります。

単語	注音	ピンイン	品詞	意味
捷運	ㄐㄧㄝˊ ㄩㄣˋ	Jiéyùn	(名)	台湾の都市モノレール（英称 MRT）
站	ㄓㄢˋ	zhàn	(名)	駅
那裡	ㄋㄚˋ ㄌㄧˇ	nàlǐ	(代)	そこ、あそこ
高鐵	ㄍㄠ ㄊㄧㄝˇ	Gāotiě	(名)	台湾新幹線
月台	ㄩㄝˋ ㄊㄞˊ	yùtái	(名)	プラットホーム

実用会話②
※下線部を🐼マーク以下の単語に置き換えて練習してみよう！

Q：在哪裡買<u>車票</u>？　　どこで切符を買いますか？
A：在那裡買<u>車票</u>。　　あそこで切符を買います。

単語	注音	ピンイン	品詞	意味
車票	ㄔㄜ ㄆㄧㄠˋ	chēpiào	(名)	入場券
買	ㄇㄞˇ	mǎi	(動)	買う
門票	ㄇㄣˊ ㄆㄧㄠˋ	ménpiào	(名)	（博物館などの）入場券

ポイント

❶「在」にはいろいろな意味・使い方があるが、前置詞「在」（〜で）として用いる場合の基本型は「在＋名詞＋動詞」。

例 我**在**臺北工作。　　私は台北で働いています。

❷「在」の後ろに動詞がない場合は、「在」は動詞（…にいる、…にある）として用いられている。この場合の基本型は「在＋目的語（名詞）」。

例 我**在**臺北。　　私は台北にいます。

単語	注音	ピンイン	品詞	意味
工作	ㄍㄨㄥ ㄗㄨㄛˋ	gōngzuò	（動）	働く

★「台」と「臺」★

　本文中、「台」の漢字は、基本的には「臺」を使用していますが、台湾の実情に合わせて、使い分けをしています。

　台湾では、伝統的な物や昔からある鉄道や駅の名称などでは、「臺」を使用することが多く、一方、新しくできた捷運（高速地下鉄網）の駅や月台（プラットホーム）などでは、「台」の字が多く用いられています。このように台湾では、「臺」の字も「台」の字も使われているので、両方覚えておきましょう。

Step 9

Thema

〈1〉疑問代名詞「怎麼」
　　　（なぜ？　どうして？　どのように～？）の使い方Ⅰ

〈2〉疑問代名詞「怎麼」
　　　（なぜ？　どうして？　どのように～？）の使い方Ⅱ

〈1〉疑問代名詞「怎麼」(なぜ？　どうして？　どのように～？) の使い方Ⅰ
你怎麼來了？　　どうして来たのですか？

基本文

・你怎麼來了？　　どうして来たのですか？
・你怎麼買了？　　なぜ買ったのですか？

単語	注音	ピンイン	品詞	意味
怎麼	ㄗㄣˇ・ㄇㄜ	zěnme	（代）	どうして、なぜ、どのように

ポイント

❶「**怎麼**＋動詞＋**了**」は、すでに完了している動作や発生したことに対し、話し手が意外に感じて理由をたずねるようなケースで用いられる。
　英語の「Why ～?」にあたる。
　　例　你怎麼來了？　　どうして来たのですか？

❷「どうして～？　なぜ～？」を問う疑問代名詞には、「怎麼」の外に「為什麼」がある。

「怎麼」と「為什麼」の意味はほとんど同じだが、次のように、微妙なニュアンスの違いがある。
　＊「為什麼」…「なぜ？」「どうして？」などと、相手に明確な理由を求めるニュアンスが強い。
　＊「怎麼」……「いったいどうして、こうなっちゃたの？」などと、いぶかしげに思いながら問うニュアンスが強い。

|例| 你**為什麼**來了？　　なぜ来たのですか？
　　 你**怎麼**來了？　　　いったいなぜ、来ちゃったの？

❸「為什麼」は単独で用いることができるが、「怎麼」は単独では機能しない。
|例| ○為什麼？　　なぜ？、どうして？　　×怎麼？

単語	注音	ピンイン	品詞	意味
為什麼	ㄨㄟˋ ㄕㄣˊ ˙ㄇㄜ	wèishénme	（代）	なぜ、どうして

実用会話①
※下線部を🐱マーク以下の単語に置き換えて練習してみよう！

Q：你怎麼買了？　　なんで買ったの？
A：今天拍賣。　　　今日はセールだったんだよ。
　　　　　　　　　（セールで安くなっていたからだよ。）

単語	注音	ピンイン	品詞	意味
拍賣	ㄆㄞ ㄇㄞˋ	pāimài	（動）	バーゲンセールをする
打八折	ㄉㄚˇ ㄅㄚ ㄓㄜˊ	dǎbāzhé	（組）	２割引にする

実用会話②
※下線部を🐱マーク以下の単語に置き換えて練習してみよう！

Q：你怎麼去的？　　どのようにして（どのような方法を使って）行ったのですか？
A：我坐捷運去的。　捷運（台湾の高速地下鉄網）で行きました。

単語	注音	ピンイン	品詞	意味
高鐵	ㄍㄠ ㄊㄧㄝˇ	Gāotiě	（名）	台湾新幹線
計程車	ㄐㄧˋ ㄔㄥˊ ㄔㄜ	jìchéngchē	（名）	タクシー

ポイント

● 「**怎麼**＋動詞＋**的**」は、すでに完了している動作や発生したことに対し、その方法・手段をたずねるときに用いる。

英語の「How ～」にあたる。

　例　你怎麼來的？　　どのようにして（どのような方法を使って）来たのですか？

〈2〉疑問代名詞「怎麼」（なぜ？ どうして？ どのように～？）の使い方 Ⅱ
你怎麼不吃？　　どうして食べないのですか？

基本文

・你怎麼不吃？　　　　どうして食べないの？
・你怎麼一個人來？　　どうして一人で来たのですか？

単語	注音	ピンイン	品詞	意味
吃	ㄔ	chī	（動）	食べる

ポイント

❶ 「**怎麼**＋フレーズ＋動詞」は、「なぜ？」「どうして？」を問う疑問文。

　例　你怎麼**不**來？　　　　どうして来ないのですか？
　　　你怎麼**一個人**來？　　どうして一人で来たのですか？

実用会話① ※下線部を🐾マーク以下の単語に置き換えて練習してみよう！

Q：你怎麼不<u>吃</u>？　　どうして食べないの？
A：我不舒服。　　　気分が悪いからです。

単語	注音	ピンイン	品詞	意味
做	ㄗㄨㄛˋ	zuò	（動）	する、やる

実用会話② ※下線部を🐾マーク以下の単語に置き換えて練習してみよう！

Q：你怎麼做<u>魯肉飯</u>？　　なぜ魯肉飯を作ったの？
A：今天有朋友來。　　　　今日は友達が来たんだ。（来たからだ。）

Q：你怎麼做<u>魯肉飯</u>？　　魯肉飯はどうやって作ったの？
A：我用豬肉做<u>魯肉飯</u>。　私は豚肉で魯肉飯を作りました。

単語	注音	ピンイン	品詞	意味
魯肉飯	ㄌㄨˇ ㄖㄡˋ ㄈㄢˋ	lǔròufàn	（名）	豚ひき肉の醤油煮込みご飯
朋友	ㄆㄥˊ ㄧㄡˇ	péngyǒu	（名）	友達
豬肉	ㄓㄨ ㄖㄡˋ	zhūròu	（名）	豚肉
排骨飯	ㄆㄞˊ ㄍㄨˇ ㄈㄢˋ	páiguǒfàn	（動）	骨付き肉ご飯

ポイント

● 「怎麼＋動詞」の文型は、「How～？（どのように～？）」の意味になるが、文末に目的語を入れた「怎麼＋動詞＋**目的語**」では、「Why…？（なぜ…？）（目的）」と「How…？（どのように～？）（手段）」の両方の意味を持つ。

　例　你怎麼來**這裡**？　　なぜここに来たの？（why）（目的）
　　　　　　　　　　　　　どのようにしてここに来たの？（how）（手段）

Step 10

Thema

〈1〉過去・完了・実現の動態助詞「了」
（…した）

〈2〉状態変化の語気助詞「了」
（…した）

〈1〉過去・完了・実現の動態助詞「了」（…した）
你買了什麼？　　何を買いましたか？？

基本文

・你買了什麼？　　何を買いましたか？
・你吃了什麼？　　何を食べましたか？

単語	注音	ピンイン	品詞	意味
什麼	ㄕㄜˊ ・ㄇㄜ	shénme	（代）	何

ポイント

❶動詞の後ろに動態助詞「了」を用いて、動作の完了や実現を表す。
❷「了」の後ろに目的語がある場合には、通常、数量詞を目的語の前に置く。
（動詞＋「了」＋数量詞＋目的語）

　例　我買了**一些**零食。　　私はおやつ少しを買いました。
　　　我吃了**一個**芭樂。　　私はグァバを一個食べました。

単語	注音	ピンイン	品詞	意味
一些	ー` Tーせ	yìxiē	(数量)	少し
零食	为ーㄥˊ アˊ	língshí	(名)	(菓子などの)間食、おやつ
芭樂	ㄅㄚ 为ㄜ`	bālè	(名)	グァバ

実用会話①　※下線部を🐱マーク以下の単語に置き換えて練習してみよう！

Q：你買了什麼？　　　　あなたは何を買いましたか？
A：我買了兩個便當。　　私はお弁当を２つ買いました。

単語	注音	ピンイン	品詞	意味
便當	ㄅーㄢ` ㄅㅊ	biàndāng	(名)	弁当
🐱				
蛋糕	ㄅㄢ` ㄍㄠ	dàngāo	(名)	ケーキ

実用会話②　※下線部を🐱マーク以下の単語に置き換えて練習してみよう！

Q：昨天你去了貓空嗎？　　昨日猫空に行きましたか？
A：昨天我沒(有)去貓空。　昨日私は猫空に行きました。

単語	注音	ピンイン	品詞	意味
貓空	ㄇㄠ ㄎㄨㄥ	Māokōng	(名)	猫空はお茶の産地として知られる台北市の文山区にある
🐱				
夜市	ーせ` アˋ	yèshì	(名)	夜にぎわう屋台と自由市場街
九份	ㄐーㄡˇ ㄈㄣˊ	Jiǔfèn	(名)	台湾の観光地名

ポイント

❶動態助詞「了」を伴う否定形には「沒(有)」を使い、「了」は取り除く。

例　○我**沒**買便當。　　私は弁当を買いませんでした。　×我沒買了便當。

❷経常的・持続的な動作・状態等を表す場合は、過去・完了の「了」は使わない。

例 ○我**常**去臺灣。　　私はよく台湾に行きます。(経常的)　×我常去了臺灣。
　　○昨天**一直**下雨。　昨日はずっと雨でした。(持続的)　×昨天一直下了雨。

単語	注音	ピンイン	品詞	意味
常	ㄔㄤˊ	cháng	(副)	よく、いつも
一直	ㄧˋ ㄓˊ	yìzhí	(副)	ずっと
下	ㄒㄧㄚˋ	xià	(動)	降る
雨	ㄩˇ	yǔ	(名)	雨

〈2〉状態変化の語気助詞「了」（…した）
你去夜市了嗎？　　夜市に行きましたか？

基本文

・你去九份了嗎？　　　　あなたは九份に行きましたか？
・你買了鳳梨酥了嗎？　　あなたはパイナップルケーキを買いましたか？

単語	注音	ピンイン	品詞	意味
鳳梨酥	ㄈㄥˋ ㄌㄧˊ ㄙㄨ	fènglísū	(名)	パイナップルケーキ

ポイント

❶語気助詞「了」を文末に置いて、動作の変化や確認などの語気を表す。

例　春天**了**。　　　春になりましたね。
　　　他起床**了**。　　彼は起床しましたよ。

❷動詞＋「了」に加え、さらに文末に「了」がある場合は、その完了動作の事実を強調・確認する意味合いがある。

例　我買**了**鳳梨酥**了**。　　私はパイナップルケーキを買ったんですよ。

単語	注音	ピンイン	品詞	意味
春天	ㄔㄨㄣ ㄊㄧㄢ	chūntiān	(名)	春
起床	ㄑㄧˇ ㄔㄨㄤˊ	qǐchuáng	(動)	起床する

Step 10 151

実用会話①   ※下線部を🐯マーク以下の単語に置き換えて練習してみよう！

Q：昨天你做什麼了？　　昨日は何をしましたか？
A：昨天我去看<u>朋友</u>了。　昨日は友人を訪ねました。

単語	注音	ピンイン	品詞	意味
看	ㄎㄢˋ	kàn	（動）	（人を）訪れる、訪問する
朋友	ㄆㄥˊ ㄧㄡˇ	péngyǒu	（名）	友達
🐯				
電影	ㄉㄧㄢˋ ㄧㄥˇ	diànyǐng	（名）	映画

実用会話②   ※下線部を🐯マーク以下の単語に置き換えて練習してみよう！

Q：她<u>來</u>了嗎？　　彼女は来ましたか？
A：她還沒(有)<u>來</u>。　彼女はまだ来ません。

単語	注音	ピンイン	品詞	意味
還	ㄏㄞˊ	hái	（副）	まだ
🐯				
去	ㄑㄩˋ	qù	（動）	行く
睡	ㄕㄨㄟˋ	shuì	（動）	眠る

ポイント

❶語気助詞「了」を伴う否定形には「沒(有)」用いる。また、「了」は取り除く。
　例　○昨天我**沒**去看朋友。　　昨日は友人を訪ねませんでした。
　　　　×昨天我沒去看朋友了。
❷語気助詞「了」を伴う疑問文では、「嗎」あるいは「沒有」を用いる。
　例　她來了**嗎**？ ＝ 她來了**沒有**？　彼女は来ましたか？

Step 11

Thema

〈1〉連動文
　　（…して〜する）
〈2〉動詞＋「的」の文型
　　（…している《物》、…した《物》）

〈1〉連動文（…して〜する）
你去超市買什麼？　　あなたはスーパーに行って何を買いますか？

基本文

・你去超市買什麼？　　あなたはスーパーに行って何を買いますか？
・你去百貨公司買什麼？　　あなたはデパートに行って何を買いますか？

単語	注音	ピンイン	品詞	意味
百貨公司	ㄅㄞˇ ㄏㄨㄛˋ ㄍㄨㄥ ㄙ	bǎihuògōngsī	（名）	デパート

ポイント

❶「連動文」とは、同じ主語で２つ以上の動作が行われることを表す文（…して〜する）をいう。

❷連動文の基本型は「主語＋動詞１＋目的語１＋動詞２＋目的語２」。
　会話では、話者たちの間で目的語１が明らかに認識されている場合には、目的語１を省略することができる。

　例　（基本型）我**去**超市**買**水果。　私はスーパーに行き、果物を買います。

→（目的語１「超市」を省略）我去買水果。私は果物を買いに行きます。

単語	注音	ピンイン	品詞	意味
水果	ㄕㄨㄟˇ ㄍㄨㄛˇ	shuǐguǒ	（名）	果物

実用会話①
※下線部を🐯マーク以下の単語に置き換えて練習してみよう！

Q：你去高雄做什麼？　　あなたは高雄へ何をしに行くのですか？
A：我去高雄旅行。　　　私は高雄へ旅行に行きます。

単語	注音	ピンイン	品詞	意味
高雄	ㄍㄠ ㄒㄩㄥˊ	Gāoxióng	（名）	（台湾の都市名）高雄
旅行	ㄌㄩˇ ㄒㄧㄥˊ	lǚxíng	（動）	旅行する
觀光	ㄍㄨㄢ ㄍㄨㄤ	guānguāng	（動）	観光する

実用会話②
※下線部を🐯マーク以下の単語に置き換えて練習してみよう！

Q：你坐高鐵去高雄嗎？　　あなたは新幹線で高雄に行くのですか？
A：我坐自強號去高雄。　　私は自強号で高雄に行きます。

単語	注音	ピンイン	品詞	意味
高鐵	ㄍㄠ ㄊㄧㄝˇ	Gāotiě	（名）	台湾新幹線
自強號	ㄗˋ ㄑㄧㄤˊ ㄏㄠ	Zìqiánghào	（名）	（台湾鉄道の特急列車）自強号
火車	ㄏㄨㄛˇ ㄔㄜ	huǒchē	（名）	汽車

ポイント

❶連動文での能願助動詞「想」「要」〈→132頁〉は、動詞１の前に置く。
　例　我**想**去超市買水果。　　私はスーパーに果物を買いに行きたいです。

❷連動文の過去形では、「了」を動詞２の後に置く。

　　例　我去超市買**了**一些水果。　　私はスーパーで少し果物を買いました。

> ### 〈2〉動詞＋「的」の文型（…している（物）、…した（物））
> 這是你做的麻婆豆腐嗎？　　これはあなたが作った麻婆豆腐ですか？

基本文

・這是你做的料理嗎？　　これはあなたが作った料理ですか？
・這是你畫的漫畫嗎？　　これはあなたが描いた漫画ですか？

単語	注音	ピンイン	品詞	意味
做	ㄗㄨㄛˋ	zuò	（動）	作る
麻婆豆腐	ㄇㄚˊ ㄆㄛˊ ㄉㄡˋ ㄈㄨˇ	mápódòufǔ	（名）	麻婆豆腐
料理	ㄌㄧㄠˋ ㄌㄧˇ	liàolǐ	（名）	料理
畫	ㄏㄨㄚˋ	huà	（動）	（絵や漫画などを）描く
漫畫	ㄇㄢˋ ㄏㄨㄚˋ	mànhuà	（名）	漫画

ポイント

❶華語の基本文型は「Ｓ＋Ｖ＋Ｏ」（「主語＋動詞＋目的語」）。

　目的語を強調したい場合は、動詞と目的語の間に「的」を入れる（「Ｓ＋Ｖ＋的＋Ｏ」の文型になる）。この文型の日本語訳は、現在形・過去形のいずれにも訳せるので、前後の流れで判断する。

　　例　我用**的**電腦很好。　　私が使っているパソコンはとても良い。（現在形）
　　　　　　　　　　　　　　　私が使っていたパソコンはとても良かった。（過去形）

❷「Ｓ＋Ｖ＋Ｏ」と「Ｓ＋Ｖ＋的＋Ｏ」の文型を比較してみよう！
・她**做**麻婆豆腐。　　　　　彼女は麻婆豆腐を作ります。
・她**做了**麻婆豆腐。　　　　彼女は麻婆豆腐を作りました。
・她**做的**麻婆豆腐很好吃。　彼女が作る麻婆豆腐は大変美味しいです。
　　　　　　　　　　　　　　彼女が作った麻婆豆腐は大変美味しかった。

単語	注音	ピンイン	品詞	意味
用	ㄩㄥˋ	yòng	(動)	使う
電腦	ㄉㄧㄢˋ ㄋㄠˇ	diànnǎo	(名)	パソコン

実用会話① ※下線部を🐯マーク以下の単語に置き換えて練習してみよう！

Q：去臺北旅行的日本人很多嗎？　　台北へ旅行に行く日本人は多いの？
A：去臺北旅行的日本人很多。　　　台北へ旅行に行く日本人は多いよ。

単語	注音	ピンイン	品詞	意味
🐯				
臺南	ㄊㄞˊ ㄋㄢˊ	Táinán	(名)	（台湾の都市名）台南

実用会話② ※下線部を🐯マーク以下の単語に置き換えて練習してみよう！

Q：這是你做的蕃茄炒蛋嗎？　　これはあなたが作ったトマトと玉子の炒めものですか？
A：不。這是她做的。　　　　　いいえ。これは彼女が作ったものです。

単語	注音	ピンイン	品詞	意味
蕃茄炒蛋	ㄈㄢ ㄑㄧㄝˊ ㄔㄠˇ ㄉㄢˋ	fānqiéchǎodàn	(名)	トマトと玉子の炒めもの
🐯				
青椒肉絲	ㄑㄧㄥ ㄐㄧㄠ ㄖㄡˋ ㄙ	qīngjiāoròusī	(名)	青椒肉絲

ポイント

❶会話では、会話に参加している者たちの間で目的語が明らかになっている場合には、しばしば「S＋V＋的」の後ろの目的語を省略することがある。

　例　這是她做的**料理**。　　これは彼女が作った料理です。
　　→（「料理」を省略）這是她做的。　　これは彼女が作りました。

Step 12

Thema

〈1-1～3〉「才」の使い方Ⅰ～Ⅲ（やっと、ようやく／…したばかり／…しかない）
〈2-1〉「就…了」（もう、すでに…）
〈2-2〉「…了…就～」（…した後すぐに～する）
〈2-3〉「…了…就～了」（…した後すぐに～した）

〈1-1〉「才」の使い方Ⅰ（やっと、ようやく）

飛機三點才到嗎？　　やっと３時に飛行機が着いたのですか？

基本文

・飛機三點才到嗎？　　やっと３時に飛行機が着いたのですか？
・船現在才到嗎？　　　船は今ようやく着いたのですか？

単語	注音	ピンイン	品詞	意味
飛機	ㄈㄟ ㄐㄧ	fēijī	（名）	飛行機
才	ㄘㄞˊ	cái	（副）	やっと、ようやく
船	ㄔㄨㄢˊ	chuán	（名）	船
到	ㄉㄠˋ	dào	（動）	着く

ポイント

❶「才」は動作などが予定より遅い、順調ではないことを表す。

例　〇機場很遠，一點出發三點才到。
　　　空港はとても遠く、１時に出発して３時にやっと着きました。

単語	注音	ピンイン	品詞	意味
機場	ㄐㄧ ㄔㄤˇ	jīchǎng	（名）	空港
出發	ㄔㄨ ㄈㄚ	chūfā	（動）	出発する

実用会話①
※下線部を🐯マーク以下の単語に置き換えて練習してみよう！

Q：昨天你幾點到臺北？　　　　昨日あなたは何時に台北着きましたか？

A：昨天飛機誤點，三點才到臺北。　　昨日は飛行機が遅れて、三時にやっと台北に着きました。

単語	注音	ピンイン	品詞	意味
誤點	ㄨˋ ㄉㄧㄢˇ	wùdiǎn	（動）	（電車や飛行機などが）遅れて到着する
飯店	ㄈㄢˋ ㄉㄧㄢˋ	fàndiàn	（名）	ホテル

ポイント

●日本語では「やっと着いた」と過去形になる文でも、過去形の「了」は使わず、現在形の文にする。

　例　○他現在才到。　　彼はやっと今着きました。　　×他現在才到了。

〈1-2〉「才」の使い方Ⅱ（…したばかり）
他才走。　　彼は行ったばかりです。

基本文

・他才走。　　　　彼は今行ったばかりです。
・晚飯才做好。　　晩ご飯の支度は今できたばかりです。

単語	注音	ピンイン	品詞	意味
才	ㄘㄞˊ	cái	(副)	…したばかり
晚飯	ㄨㄢˇ ㄈㄢˋ	wǎnfàn	(名)	晩ご飯

〈1-3〉「才」の使い方Ⅲ（…しかない）
我才有一個。　　私はひとつしか持っていません。

基本文

・我才看了一次。　　　　　私は１回しか見たことがありません。
・太魯閣我才去過一次。　　私は太魯閣にはまだ１度しか行ったことがありません。

単語	注音	ピンイン	品詞	意味
才	ㄘㄞˊ	cái	(副)	…しかない
太魯閣	ㄊㄞˋ ㄌㄨˇ ㄍㄜˊ	Tàilǔgé	(名)	（台湾の国立公園）タロコ
過	ㄍㄨㄛˋ	guò	(助)	（過去の経験を示す）…したことがある

〈2-1〉「就…了」（もう、すでに…）[過去形]
你昨天晚上七點就睡了嗎？　　あなたは昨夜七時にはもうすでに寝ていましたか？

基本文

・你昨天晚上七點就睡了嗎？　　あなたは昨夜７時にはもう寝ていましたか？
・你五點就回家了嗎？　　　　　あなたは５時にはすでに帰宅していましたか？

単語	注音	ピンイン	品詞	意味
就	ㄐㄧㄡˋ	jiù	(副)	もう、すでに
睡	ㄕㄨㄟˋ	shuì	(動)	眠る

ポイント

❶「就」は、動作の発生が予定より早い、動作が順調に進められていることを表す。文末に「了」を用いて、過去形で表す。

例 我五點**就**回家**了**。　　私は5時にはもう帰宅していました。

実用会話①
※下線部を🐻マーク以下の単語に置き換えて練習してみよう！

Q：你幾點到臺北？　　　　　　何時に台北に着きましたか？
A：沒有塞車，三點半就到臺北了。　交通渋滞していなかったので、3時半には（すでに）台北に到着していました。

単語	注音	ピンイン	品詞	意味
塞車	ㄙㄞ ㄔㄜ	sāichē	（動）	交通渋滞になる
會場	ㄏㄨㄟˋ ㄔㄤˇ	huìchǎng	（名）	会場

〈2-2〉「…了…就～」（…した後すぐ～する）[未来形]
你吃了晚飯就回飯店嗎？　　あなたは晩ご飯を食べた後すぐホテルに戻りますか？

基本文
※下線部を🐻マーク以下の単語に置き換えて練習してみよう！

Q：你吃了晚飯就回飯店嗎？　　あなたは晩ご飯を食べた後、すぐホテルに戻りますか？
A：我吃了晚飯就回飯店。　　　私は晩ご飯を食べた後、すぐホテルに戻ります。

単語	注音	ピンイン	品詞	意味
晚飯	ㄨㄢˇ ㄈㄢˋ	wǎnfàn	（名）	晩ご飯
飯店	ㄈㄢˋ ㄉㄧㄢˋ	fàndiàn	（名）	ホテル

単語	注音	ピンイン	品詞	意味
家	ㄐㄧㄚ	jiā	(名)	家

ポイント

❶「…了…就～」(…した後すぐに～する) は未来形。

前の動詞の後ろに「了」を用いる。後ろの動詞には「了」を用いない。

例 我買**了**東西**就**回飯店。　　私は買い物をした後にすぐホテルへ戻ります。(未来形)

※「買」は前の動詞、「回」は後ろの動詞

〈2-3〉「…了…就～了」(…した後すぐに～した) [過去形]
你吃了晚飯就回飯店了嗎？　　あなたは晩ご飯を食べた後すぐホテルに戻りましたか？

基本文

・你吃了晚飯就回飯店了嗎？　　あなたは晩ご飯を食べた後、すぐにホテルに戻りましたか？

・我吃了晚飯就回飯店了。　　私は晩ご飯を食べた後、すぐにホテルに戻りました。

単語	注音	ピンイン	品詞	意味
宵夜	ㄒㄧㄠ ㄧㄝˋ	xiāoyè	(名)	夜食

ポイント

●「…了…就～了」(…した後すぐ～した) は、前後２つの動作がすでに発生・終了している。つまり、過去の状況や動作を表す。

例 我買**了**便當**就**回飯店**了**。　　私は弁当を買った後にすぐホテルへ戻りました。(過去形)

Step 13

Thema

〈1〉程度補語Ⅰ「得」
　　（…するのが〜だ）
〈2〉程度補語Ⅱ「形容詞＋得＋要命・要死・不得了」
　　（死ぬほど…だ）

〈1〉程度補語Ⅰ「得」（…するのが〜だ）

你起得早不早？　　あなたは起きるのが早いですか？（＝早起きですか？）

基本文

・你起得早不早？　　あなたは起きるのが早いですか（早くないですか）？
・你起得早嗎？　　　あなたは起きるのが早いですか？

単語	注音	ピンイン	品詞	意味
起	ㄑㄧˇ	qǐ	（動）	起きる、起床する
得	・ㄉㄜ	de	（助）	動詞や形容詞の後に用いて程度などを表す

ポイント

❶動作などのレベルや程度を表す語（「得」など）を「程度補語」という。
❷程度補語を用いる文の基本型は「動詞＋得＋（副詞）＋形容詞」。
　例 她唱**得**很好。　　彼女は歌うのが上手です。
❸程度補語を用いる文の疑問文には、以下の3通りがある。

1) 文末に「嗎」を付けた型
例 你起得很早**嗎**？　　あなたは起きるのが早いですか？
2) 諾否疑問形の肯定形容詞と否定形容詞を並列した型
例 你起得**早不早**？　　あなたは起きるのが早いですか（早くないですか）？
3) 「動詞＋得＋疑問代名詞（怎麼樣）」の型
例 她唱得**怎麼樣**？　　どのくらい歌を歌えますか？
　　　　　　　　　　（＝歌はどのくらい上手ですか？）

単語	注音	ピンイン	品詞	意味
怎麼樣	ㄗㄣˇ・ㄇㄜ ㄧㄤˋ	zěnmeyàng	（代）	どうですか

実用会話①　※下線部を🐱マーク以下の単語に置き換えて練習してみよう！

Q：他<u>跑</u>得很<u>快</u>嗎？　　彼は走るのが速いですか？
A：他<u>跑</u>得不<u>快</u>。　　彼は走るのが速くありません。

単語	注音	ピンイン	品詞	意味
跑	ㄆㄠˇ	pǎo	（動）	走る
快	ㄎㄨㄞˋ	kuài	（形）	（速度が）速い
🐱				
走	ㄗㄡˇ	zǒu	（動）	歩く

実用会話②　※下線部を🐱マーク以下の単語に置き換えて練習してみよう！

Q：他的<u>華語</u>說得怎麼樣？　　彼はどのくらい華語を話せますか？
A：他的<u>華語</u>說得很好。　　彼はとても上手に華語を話します。

単語	注音	ピンイン	品詞	意味
🐱				
英語	ㄧㄥ ㄩˇ	Yīngyǔ	（名）	英語

ポイント

❶程度補語を用いる文には、以下の３つの文型がある。
　１）目的語がない型（「主語＋動詞＋得＋（副詞）＋形容詞」）
　例　他說得(很)好。　　彼は話すのがとても上手です。
　２）目的語がある型
　　　Ａ：「ＳＶＯ＋動詞＋得＋（副詞）＋形容詞」
　例　他說**華語**說得(很)好。　　彼は華語を話すのがとても上手です。
　　　Ｂ：「ＳＯ＋動詞＋得＋（副詞）＋形容詞」
　例　他**華語**說得(很)好。　　彼は華語を話すのがとても上手です。

〈２〉程度補語Ⅱ「形容詞＋得＋要命・要死・不得了」（死ぬほど…だ）
　　　我餓得要命。　　お腹が減って死にそうです。

基本文

・餓得要死。　　　お腹が減って死にそうです。
・餓得不得了。　　お腹が減ってたまりません。

単語	注音	ピンイン	品詞	意味
餓	ㄜˋ	è	(形)	ひもじい・腹がへった
要命	ㄧㄠˋ ㄇㄧㄥˋ	yàomìng	(形)	死ぬほど…だ
要死	ㄧㄠˋ ㄙˇ	yàosǐ	(形)	死ぬほど…だ
不得了	ㄅㄨˋ ㄉㄜˊ ㄌㄧㄠˇ	bùdéliǎo	(形)	…でたまらない

ポイント

❶「要命」「要死」「不得了」は、感じた程度が非常に高いことを表すが、話し手がちょっと大げさに相手にアピールするときに用いることが多い。
　例　渴得**要命**。　　喉が渇いて死にそうです。
　　　累得**要死**。　　疲れて死にそうです。
　　　熱得**不得了**。　暑くてたまりません。

❷「形容詞＋得＋要命・要死・不得了」は「とても…、非常に…」という意味を含んでいるので、これにさらに「很（とても）」を加えることはできない。

例 ○我餓得**要命**。　　お腹が減って死にそうです。　×我餓得很要命。

単語	注音	ピンイン	品詞	意味
渴	ㄎㄜˇ	kě	（形）	喉が渇いている
累	ㄌㄟˋ	lèi	（形）	疲れた

実用会話①
※下線部を🐯マーク以下の単語に置き換えて練習してみよう！

Q：你怎麼了？　　あなたはどうしましたか？
A：頭痛得要命。　頭が死にそうに痛い。

単語	注音	ピンイン	品詞	意味
頭	ㄊㄡˊ	tóu	（名）	頭
痛	ㄊㄨㄥˋ	tòng	（形）	痛い
🐯				
不得了	ㄅㄨˋ ㄉㄜˊ ㄌㄧㄠˇ	bùdéliǎo	（形）	…でたまらない

実用会話②
※下線部を🐯マーク以下の単語に置き換えて練習してみよう！

Q：你怎麼了？　　あなたはどうしましたか？
A：我累得要死。　私は死にそうです。

単語	注音	ピンイン	品詞	意味
🐯				
熱	ㄖㄜˋ	rè	（形）	暑い

ポイント
● 通常女性は「要死」「要命」「不得了」を、男性は「要命」「不得了」を多く使う。

Step 14

Thema

〈1-1〉結果補語「完」or「好」(動作の結果がどうであるかを補述説明)
〈1-2〉結果補語「在」(動作がある場所に定着する)
〈1-3〉結果補語「到」(動作が目的に達する)
〈1-4〉結果補語「懂」(動作を理解する)

〈1-1〉結果補語「完」or「好」(動作の結果がどうであるかを補足説明)
你做完了嗎？　やり終わりましたか？

基本文

・你做完了嗎？　　やり終えましたか？
・你做好了嗎？　　きちんとやり終えましたか？

単語	注音	ピンイン	品詞	意味
完	ㄨㄢˊ	wán	(動)	(動詞＋完)動作が終わる、終わってしまう
好	ㄏㄠˇ	hǎo	(形)	(動詞＋好)「きちんと完成される」動作の結果を表す語

ポイント

❶動詞の後ろに入れて、動作の結果について補足説明する動詞(「完」など)や形容詞(「好」など)の語を「結果補語」という。

　例「做**完**(＝やり終える)」「做**好**(＝きちんとやり終える)」

❷結果補語を用いた文の基本型は、以下の通り。

　1)「動詞＋動詞」　**例**「做**完**」＝やり終える

2）「動詞＋形容詞」 例 「做好」＝きちんとやり終える

❸「做完」の「完」は、結果が単に終えた（完了）というだけに留まっているが、「做好」の「好」は、単に終えただけでなく、「きちんとできた」という意味を含んでいる。

例 工作做**完**了。　　仕事をやり終えました。
　　工作做**好**了。　　仕事を**きちんと**やり終えました。

実用会話①
※下線部を🐾マーク以下の単語に置き換えて練習してみよう！

Q：拉麵做好了嗎？　　ラーメンはできあがりましたか？
A：拉麵做好了。　　　ラーメンはできあがりました。

単語	注音	ピンイン	品詞	意味
拉麵	ㄌㄚ ㄇㄧㄢˋ	lāmiàn	（名）	ラーメン
🐾				
飯	ㄈㄢˋ	fàn	（名）	ご飯

〈1-2〉結果補語「在」（動作がある場所に定着する）
你住在哪裡？　　あなたはどこに住んでいますか？

基本文
※下線部を🐾マーク以下の単語に置き換えて練習してみよう！

Q：你住在哪裡？　　あなたはどこに住んでいますか？
A：我住在臺北。　　私は台北に住んでいます。

単語	注音	ピンイン	品詞	意味
住	ㄓㄨˋ	zhù	（動）	住む、（ホテルなどに）泊まる
🐾				
東京	ㄉㄨㄥ ㄐㄧㄥ	Dōngjīng	（名）	東京

Step 14 **167**

ポイント

❶「動詞＋在」の「在」は結果補語。
   例 我住**在**臺北。　　私は台北に住んでいます。
     我住**在**飯店。　　私はホテルに泊まっています。
❷結果補語を用いる文の過去形では、文末に「了」を入れる。
❸目的語がある場合は、基本的には結果補語の後に目的語を置くが、目的語を強調したい場合は、主語の前に置く。
   例 （基本形）你做好**飯**了嗎？　　食事の支度はできた？
     →（「飯」（食事）を強調）**飯**你做好了嗎？
     　　　　　　　　　　　　　食事の支度はできた？

〈1-3〉結果補語「到」（動作が目的に達する）
你買到了沒有？　　買うことができましたか？

基本文

・你買到了沒有？　　買うことができましたか？
・他回到家了沒有？　彼は家に帰りましたか？

単語	注音	ピンイン	品詞	意味
回	ㄏㄨㄟˊ	huí	（動）	帰る
到	ㄉㄠˋ	dào	（動）	（動詞＋到）動作の目的が達成される
家	ㄐㄧㄚ	jiā	（名）	家

ポイント

❶結果補語の「到」は、次のような意味を表す。
 1）動作によってある目的を達成すること
   例 我買**到**機票了。　　航空券を買うことができました。
 2）動作によって場所に到達すること
   例 他回**到**家了。　　彼は家に帰りました。

3）動作がある時間まで継続すること

例 我工作**到**三點。　　私は３時まで仕事をしました。

❷結果補語＋「了」（過去形）の疑問文は、「嗎」あるいは「沒有」を用いる。

例 你買到了**嗎**？　　買うことができましたか？
你買到了**沒有**？　　買うことができましたか？

❸結果補語を用いる文の諾否疑問文は「肯定＋沒の否定」。

例 你**買到沒買到**？　　買うことができましたか（できませんでしたか）？

❹目的語がある場合は、結果補語「到」の後ろに置く。

例 我看到**她**了。　　私は彼女を見かけました。

単語	注音	ピンイン	品詞	意味
工作	ㄍㄨㄥ ㄗㄨㄛˋ	gōngzuò	（動）	仕事する

実用会話①　※下線部を🐱マーク以下の単語に置き換えて練習してみよう！

Q：你看到她了沒有？　　彼女を見かけましたか？
A：我沒看到她。　　私は彼女を見かけませんでした。

単語	注音	ピンイン	品詞	意味
看	ㄎㄢˋ	kàn	（動）	見る
🐱				
老闆	ㄌㄠˇ ㄅㄢˇ	lǎobǎn	（名）	オーナー、社長

〈1-4〉結果補語「懂」（動作を理解する）
他的話你聽懂沒聽懂？　　彼の話を聞いてわかりましたか？

基本文　※下線部を🐱マーク以下の単語に置き換えて練習してみよう！

Q：他的話你聽懂沒聽懂？　　彼の話を聞いて理解できましたか（理解できませんでしたか）？
A：他的話我沒聽懂。　　彼の話は聞いても理解できませんでした。

単語	注音	ピンイン	品詞	意味
話	ㄏㄨㄚˋ	huà	(名)	話、言葉
聽	ㄊㄧㄥ	tīng	(動)	(耳で) 聞く
懂	ㄉㄨㄥˇ	dǒng	(動)	(言葉・意味などが) わかる、理解する
意思	ㄧˋ ㄙ	yìsī	(動)	(言葉などの) 意味

ポイント

❶結果補語の否定は「沒」「沒有」を用いる。ただし、未来形の否定には「不」を用いる。

例 昨天**沒**做完。　　　昨日は完成しませんでした。(過去の否定)
　　　今天**不**做完不行。　今日には完成しないとだめです。(未来の否定)

単語	注音	ピンイン	品詞	意味
不行	ㄅㄨˋ ㄒㄧㄥˊ	bùxíng	(形)	いけない

❷主要な結果補語「動詞+動詞」「動詞+形容詞」を下の表で確認しよう！

単語	注音	ピンイン	品詞	意味
(結果補語：動詞+動詞)				
借給	ㄐㄧㄝˋ ㄍㄟˇ	jiègěi		貸してあげる、借りてくれる
送給	ㄙㄨㄥˋ ㄍㄟˇ	sònggěi		送ってあげる、送ってくれる
記住	ㄐㄧˋ ㄓㄨˋ	jìzhù		しっかり覚えておく
(結果補語：動詞+形容詞)				
寫錯	ㄒㄧㄝˇ ㄘㄨㄛˋ	xiěcuò		書き間違っている
說錯	ㄕㄨㄛ ㄘㄨㄛˋ	shuōcuò		言い間違っている
洗乾淨	ㄒㄧˇ ㄍㄢ ㄐㄧㄥˋ	xǐgānjìng		きれいに洗う
說清楚	ㄕㄨㄛ ㄑㄧㄥ ㄔㄨˇ	shuōqīngchǔ		はっきり言う

Step 15

Thema

〈1〉目的語をとらない方向補語
　　　（「去」or「來」など）
〈2-1〉目的語をとる方向補語①（基本型「動詞＋目的語＋方向の動詞」）
〈2-2〉目的語をとる方向補語②（「動詞＋方向の動詞＋目的語」の型）

〈1〉目的語をとらない方向補語（「去」or「來」など）
你走去嗎？　　歩いてい（行）きますか？

基本文

- 你走去嗎？　　歩いてい（行）きますか？
- 你走來嗎？　　歩いてき（来）ますか？

単語	注音	ピンイン	品詞	意味
走	ㄗㄡˇ	zǒu	（動）	歩く
去	ㄑㄩˋ	qù	（動）	（動詞＋去）話し手の位置から離れ遠ざかる（…していく）
來	ㄌㄞˊ	lái	（動）	（動詞＋來）話し手の方に向かって来る（…してくる）

ポイント

❶方向補語を用いる基本文型は「動詞＋方向の動詞」。
　例　你進**去**嗎？　　入ってい（行）きますか？

単語	注音	ピンイン	品詞	意味
進	ㄐㄧㄣˋ	jìn	(動)	入る

実用会話①
※下線部を 🐯 マーク以下の単語に置き換えて練習してみよう！

Q：你<u>下</u>來嗎？　　あなたは降りてきますか？
A：我不<u>下</u>去。　　私は降りていきません。

単語	注音	ピンイン	品詞	意味
下	ㄒㄧㄚˋ	xià	(動)	降りる
🐯				
上	ㄕㄤˋ	shàng	(動)	上がる

実用会話②
※下線部を 🐯 マーク以下の単語に置き換えて練習してみよう！

Q：你要<u>進</u>去嗎？　　あなたは入っていきたいですか？
A：我要<u>進</u>去。　　　私は入っていきたいです。

単語	注音	ピンイン	品詞	意味
🐯				
出	ㄔㄨ	chū	(動)	出る

ポイント

❶「方向の動詞」（方向補語）を動詞の後ろに置いて（「動詞＋方向の動詞」）、人や物などの動作や移動の方向を示す用法がある。

　例　搬**進**　　搬入する、運び入れる　　　拿**出**　　取り出す

❷話し手に近づく動作の場合には「來」を用い、話し手から遠ざかる動作の場合には「去」を用いる。

　例　送**來**　　送ってく（来）る　　　送**去**　　送ってい（行）く

単語	注音	ピンイン	品詞	意味
搬	ㄅㄢ	bān	(動)	運ぶ
拿	ㄋㄚˊ	ná	(動)	持つ
送	ㄙㄨㄥˋ	sòng	(動)	送る

〈2-1〉目的語をとる方向補語① (基本型「動詞＋目的語＋方向の動詞」)
他回家去了嗎？　　彼は家に帰っていきましたか？

基本文

- 他回家去了嗎？　　彼は家に帰っていきましたか？
- 你帶他去了嗎？　　あなたは彼を連れていきましたか？

単語	注音	ピンイン	品詞	意味
回	ㄏㄨㄟˊ	huí	(動)	帰る
家	ㄐㄧㄚ	jiā	(名)	家
帶	ㄉㄞˋ	dài	(動)	身に着けて持つ、携帯する

ポイント

❶目的語をとる方向補語を用いる文は通常「動詞＋目的語＋方向の動詞」。

　例　他帶**行李**去嗎？　　彼は荷物を持っていきますか？

❷目的語が場所と人物の場合は、必ず方向の動詞の前に置く。

　例　他回**家**去了。　　彼は家に帰っていきました。
　　　我帶**他**來了。　　私は彼を連れていきました。

実用会話① ※下線部を🐯マーク以下の単語に置き換えて練習してみよう！

Q：你買了什麼去？　　あなたは何を買っていきましたか？
A：我買了<u>一些花</u>去。　　私は少しばかりのお花を買っていきました。

単語	注音	ピンイン	品詞	意味
花	ㄏㄨㄚ	huā	(名)	花
一些	ㄧˋ ㄒㄧㄝ	yìxiē	(数量)	少し
水果	ㄕㄨㄟˇ ㄍㄨㄛˇ	shuǐguǒ	(名)	果物

〈2-2〉目的語をとる方向補語②(「動詞＋方向の動詞＋目的語」の型)
他帶去了一些甜點。　彼は少しばかりデザートを持っていきました

基本文
- 他帶去了一些什麼？　　彼は少しなにかを持っていきましたか？
- 他帶去了一些水果嗎。　彼は少し果物を持ってきました。

ポイント

❶目的語をとる方向補語で「一些」(少し)などの数量詞がある場合，目的語は方向の動詞の前・後ろのどちらでも置くことができる。

　例　她要帶**一些**鳳梨酥去。　　彼女はパイナップルケーキを少し持っていきたい。

　　　她要帶去**一些**鳳梨酥。　　彼女はパイナップルケーキを少し持っていきたい。

❷方向補語を用いる文の過去形では「了」を使う。この場合の「了」の使い方には、以下の2通りがある。

　例　1) 他買**了**一些花來。　彼は少しお花を買ってきました。
　　　2) 他買來**了**一些花。　彼は少しお花を買ってきました。

Step 16

Thema

〈1〉複合方向補語①(目的語をとらない場合)
　　(「動詞＋方向の動詞１＋方向の動詞２」)
〈2〉複合方向補語②(目的語をとる場合)

〈1〉複合方向補語①(目的語をとらない場合)
請你搬上來好嗎？　　上に運んできて頂けますか？

基本文

・請你搬上來好嗎？　　上へ運んできて頂けますか？
・請你搬下去好嗎？　　下へ運んでいって頂けますか？

単語	注音	ピンイン	品詞	意味
請	ㄑㄧㄥˇ	qǐng	(動)	(相手に行動を促す、頼む、お願いする)どうぞ

ポイント

❶複合方向補語を用いる文の基本型は、「動詞＋方向の動詞１＋方向の動詞２(「來」or「去」)」。
　[例]　**拿上來**　持って上がってくる　　**拿上去**　持って上がっていく
❷文末の「好嗎？」は「よろしいですか？」という意味。人にお願いするときのていねいな聞き方。
　[例]　請你搬上來**好嗎**？　上へ運んできて頂けますか？

実用会話①   ※下線部を🐯マーク以下の単語に置き換えて練習してみよう！

Q：請你拿<u>進</u>來好嗎？　　中へ持って入ってきて頂いてもいいですか？
A：好。沒問題。　　　　はい。大丈夫です。

単語	注音	ピンイン	品詞	意味
過	ㄍㄨㄛˋ	guò	（動）	ある場所を通過する

実用会話②   ※下線部を🐯マーク以下の単語に置き換えて練習してみよう！

Q：你帶<u>回</u>去嗎？　　あなたは持って帰りますか？
A：我帶<u>回</u>去。　　　私は持って帰ります。

単語	注音	ピンイン	品詞	意味
出	ㄔㄨ	chū	（動）	出る

🐯 ポイント

●複合方向補語を用いる文の基本型「動詞＋方向の動詞１＋方向の動詞２」の「方向の動詞１」としてよく使われる動詞には、以下の７語がある。

- ・上（上がる）
- ・下（下がる）
- ・進（入る）
- ・出（出る）
- ・回（帰る）
- ・過（通過する）
- ・起（起きる）

このうち、「過」は、ある空間や場所を通過するときなどに用いる。

例 走**過**橋去。　　橋を歩いて通り過ぎます。

単語	注音	ピンイン	品詞	意味
起	ㄑㄧˇ	qǐ	（動）	動作が下から上に向かって移動すること
橋	ㄑㄧㄠˊ	qiáo	（名）	橋

〈2〉複合方向補語②(目的語をとる場合)
你送我回去好嗎？　　私を送って(帰って)頂けますか？

基本文

- 你送我回去好嗎？　　私を送って(帰って)頂けますか？
- 他走進房間去了嗎？　彼は部屋へ(歩いて)入っていきましたか？

単語	注音	ピンイン	品詞	意味
房間	ㄈㄤˊ ㄐㄧㄢ	fángjiān	(名)	部屋

ポイント

❶複合方向補語を用いる文の基本型は、前述の通り「動詞＋方向の動詞１＋方向の動詞２(「來」or「去」)」。このとき、目的語が「人物」の場合は、方向の動詞１の前に置く。

　例　我送**你**回去。　　　　私はあなたを送って帰ります。

❷目的語が「場所」の場合は、方向の動詞２の前に置く。

　例　他走進**房間**去了。　　彼は部屋へ(歩いて)入っていきました。

❸目的語が人物と場所以外の場合は、方向の動詞２の前か後ろに置く。

　例　他拿出**一百元**來。　　彼は百元を取り出してきました。
　　　　他拿出來**一百元**。　　彼は百元を取り出してきました。

実用会話①　※下線部を🐯マーク以下の単語に置き換えて練習してみよう！

Q：你<u>送</u>我回去好嗎？　　送って(帰って)頂けますか？
A：好。我<u>送</u>妳回去。　　はい。私はあなたを送っていきます(帰ります)。

単語	注音	ピンイン	品詞	意味
🐯				
帶	ㄉㄞˋ	dài	(動)	連れていく

実用会話②　※下線部を🐯マーク以下の単語に置き換えて練習してみよう！

Q：他走進哪裡去了？　　　彼はどこへ（歩いて）入っていったのですか？
A：他走進<u>飯店</u>裡去了。　彼はホテルへ（歩いて）入っていきました。
単語：

単語	注音	ピンイン	品詞	意味
裡	ㄌㄧˇ	lǐ	（名）	内側、なか
餐廳	ㄘㄢ ㄊㄧㄥ	cāntīng	（名）	レストラン

ポイント

❶複合方向補語を用いる文の過去形では、「了」を使う。
❷目的語をとらない複合方向補語の過去形には、以下の２通りがある。
　例　他站起來了。　　彼は立ち上がりました。
　　　　他站了起來。　　彼は立ち上がりました。
❷目的語をとる複合方向補語を用いる文の過去形では、必ず方向の動詞２（「來」or「去」）の後ろに「了」を置く。
　例　他跑回房間來了。　彼は走って部屋へ戻ってきました。
　　　　我送她回去了。　　私は彼女を送って帰りました。

単語	注音	ピンイン	品詞	意味
站	ㄓㄢˋ	zhàn	（動）	立つ
跑	ㄆㄠˇ	pǎo	（動）	走る

Step 17

Thema

〈1〉可能補語「得」
　　（…できる《可能を表す》）

〈2〉可能補語を用いる文の疑問形

〈1〉可能補語「得」（…できる《可能を表す》）
你聽得懂日語嗎？　　あなたは日本語を聞いて理解できますか？

基本文

- 你聽得懂日語嗎？　　あなたは日本語を聞いて理解できますか？
- 你看得見嗎？　　あなたは見ることができますか？

単語	注音	ピンイン	品詞	意味
日語	ㄖˋㄩˇ	Rìyǔ	（名）	日本語
見	ㄐㄧㄢˋ	jiàn	（動）	目に入る、見える

ポイント

❶可能補語を用いる文の基本型は、以下の3通りある。

1）「動詞＋得＋動詞」
　例　我聽得懂。　　私は聞いて理解できます。

2）「動詞＋得＋方向の動詞」
　例　我爬得上。　　私は上に登ることができます。

3)「動詞＋得＋方向の動詞１＋方向の動詞２（「來」or「去」）」

例 我爬得**上去**。　　私は上に登っていくことができます。

単語	注音	ピンイン	品詞	意味
爬	ㄆㄚˊ	pá	（動）	登る

実用会話①
※下線部を🐯マーク以下の単語に置き換えて練習してみよう！

Q：你聽得懂<u>日語</u>嗎？　　あなたは日本語を聞いて理解できますか？
A：我聽得懂<u>日語</u>。　　　私は日本語を聞いて理解できます。

単語	注音	ピンイン	品詞	意味
🐯				
英語	ㄧㄥ ㄩˇ	Yīngyǔ	（名）	英語

実用会話②
※下線部を🐯マーク以下の単語に置き換えて練習してみよう！

Q：你<u>爬</u>得上去嗎？　　　　あなたは上に登っていくことができますか？
A：我太累了，<u>爬</u>不上去。　私は疲れすぎて、上に登っていくことができません。

単語	注音	ピンイン	品詞	意味
太	ㄊㄞˋ	tài	（副）	あまりにも…すぎる
累	ㄌㄟˋ	lèi	（動）	疲れる
🐯				
走	ㄗㄡˇ	zǒu	（動）	歩く

ポイント

❶可能補語を用いる文の否定形では、「得」の代わりに「不」を用いる。
「動詞＋得＋動詞」（肯定）　→　「動詞＋不＋動詞」（否定）

例 我聽**得**懂。　　私は聞いて理解することができます。（肯定）
　　　我聽**不**懂。　　私は聞いて理解することができません。（否定）

〈2〉可能補語を用いる文の疑問形
你找得到嗎？　　見つけることができますか？

基本文

・你找得到嗎？　　　見つけることができますか？
・坐得下坐不下？　　座ることができますか（できませんか）？

単語	注音	ピンイン	品詞	意味
找	ㄓㄠˇ	zhǎo	（動）	見つける、探す
坐	ㄗㄨㄛˋ	zuò	（動）	座る

ポイント

❶可能補語を用いる文の疑問形には、以下の3通りがある。

1）可能補語の文末に「嗎」を置く型
　例　你找得到嗎？　　見つけることができますか？

2）「動詞＋得＋動詞」＋「動詞＋不＋動詞」
　例　你聽得懂聽不懂？　あなたは聞いて理解できますか（できませんか）？

3）「動詞＋得＋方向の動詞」＋「動詞＋不＋方向の動詞」
　例　你爬得上爬不上？　あなたは上に登れるの（登れないの）？

実用会話① ※下線部を🐯マーク以下の単語に置き換えて練習してみよう！

Q：錢包找得到找不到？　　財布を見つけることができますか（できませんか）？
A：找得到。　　　　　　　見つけることができます。

単語	注音	ピンイン	品詞	意味
護照	ㄏㄨˋ ㄓㄠˋ	hùzhào	（名）	パスポート

実用会話②　※下線部を🐯マーク以下の単語に置き換えて練習してみよう！

Q：現在去來得及嗎？　　今から行って間に合いますか？
A：現在去來不及。　　　今から行っても間に合いません。

単語	注音	ピンイン	品詞	意味
來得及	ㄌㄞˊ・ㄉㄜ ㄐㄧˊ	láidejí	（動）	（時間的に）間に合う
來不及	ㄌㄞˊ ㄅㄨˋ ㄐㄧˊ	láibùjí	（動）	（時間的に）間に合わない
做	ㄗㄨㄛˋ	zuò	（動）	やる

ポイント

❶結果補語・方向補語・複合方向補語と可能補語の違いを確認しよう！

結果補語　　　→　　　可能補語
聽懂（聞いて理解する）　　聽**得**懂（聞いて理解できる）
看見（見える、目に入る）　看**得**見（見ることができる）

方向補語　　　→　　　可能補語
爬上（上に登る）　　　　　爬**得**上（上に登ることができる）

複合方向補語　→　　　可能補語
爬上去（上に登っていく）　爬**得**上去（上に登っていくことができる）

Step 18

Thema

〈1〉 **時量補語**（動詞＋時間の長さ）
　　（どのくらい…？）
〈2〉 **動量補語「次」**（…回《動作の回数》）
〈3〉 **動態助詞「過」**（…したことがある《経験を表す》）

〈1〉 時量補語（動詞＋時間の長さ）（どのくらい…？）
你等了多久？　　どのくらい待ちましたか？

基本文

・你等了多久？　　　　あなたはどのくらい待ちましたか？
・你學了幾年日語？　　あなたは何年間日本語を勉強しましたか？

単語	注音	ピンイン	品詞	意味
等	ㄉㄥˇ	děng	（動）	待つ
多久	ㄉㄨㄛ ㄐㄧㄡˇ	duōjiǔ	（代）	（時間）どれくらい

ポイント

❶時量補語を用いる文の基本型は、「動詞＋時間の量」。
　動詞の後に時間の長さ（数量）を用いて、その動作の持続時間を表す。
　例　我等了**十分**。　　私は10分待ちました。
　この例文で、「等」は動詞、「十分」は時間の長さ。

❷時間の長さを表す語句を疑問代名詞に置き換えて、疑問文をつくる。
　　例　你等了**多久**？　　あなたはどのくらい待ちましたか？
❸時量補語を用いる文の動詞に目的語がある場合、以下の２つの文型がある。
　１)「Ｓ＋Ｖ＋時間の長さ＋Ｏ」
　　例　我學一年**華語**。　　　私は華語を１年間勉強します。
　２)「Ｓ＋Ｖ＋Ｏ＋Ｖ＋時間の長さ」
　　例　我學**華語**學一年。　　私は華語を１年間勉強します。
❹時量補語を用いる文の動詞の目的語が場所や代名詞の場合には、これらは時間の長さを表す語句の前に置く。
　　例　我去**臺灣**一年。　　　私は台湾に１年間行きます。
　　　　我等**她**一個小時。　　私は彼女を１時間待ちます。

実用会話①　※下線部を🐱マーク以下の単語に置き換えて練習してみよう！

Q：你<u>等</u>了她多久？　　　　あなたは彼女をどのくらい待ちましたか？
A：我<u>等</u>了她一個小時。　　私は彼女を１時間待ちました。

単語	注音	ピンイン	品詞	意味
🐱				
教	ㄐㄧㄠ	jiāo	(動)	(知識などを人に) 教える

実用会話②　※下線部を🐱マーク以下の単語に置き換えて練習してみよう！

Q：你學了幾年<u>華語</u>？　　　あなたは何年間日本語を勉強しましたか？
A：我學了一年<u>華語</u>。　　　私は１年間日本語を勉強しました。

単語	注音	ピンイン	品詞	意味
學	ㄒㄩㄝˊ	xué	(動)	学ぶ
🐱				
臺語	ㄊㄞˊ ㄩˇ	Táiyǔ	(名)	台湾語

ポイント

❶時量補語を用いる文で過去形「了」を使った用法には、以下の２通りある。微妙なニュアンスの違いに注意！

例 1）我學**了**一年華語。　　私は華語を１年間勉強しました。
　　　　　　（→過去１年間勉強したが、今は勉強していない）

　　　2）我學華語學**了**一年**了**。　　私は華語を１年間勉強しました。
　　　　　　（→１年勉強して、今まだ勉強している）

❷能願助動詞（「要」など）や副詞（「只」など）を用いる場合は、動詞の前に置く。

例　你**要**等她一個小時嗎？　　あなたは彼女を１時間待つのですか？
　　　我**只**學了一年華語。　　　私は１年間だけ華語を勉強しました。

❸時間の長さを表す表現を、下の表で覚えよう！

【時間の長さの表し方】

単語	注音	ピンイン	意味
一分（鐘）	ㄧˋ ㄈㄣ ㄓㄨㄥ	yìfēn(zhōng)	１分間
一個小時	ㄧˊ ˙ㄍㄜ ㄒㄧㄠˇ ㄕˊ	yígexiǎoshí	１時間
一個鐘頭	ㄧˊ ˙ㄍㄜ ㄓㄨㄥ ㄊㄡˊ	yígezhōngtóu	１時間
一天	ㄧˋ ㄊㄧㄢ	yìtiān	１日
一個星期	ㄧˊ ˙ㄍㄜ ㄒㄧㄥ ㄑㄧˊ	yígexīngqí	１週間
一個月	ㄧˊ ˙ㄍㄜ ㄩㄝˋ	yígeyuè	１ヵ月
一年	ㄧˋ ㄋㄧㄢˊ	yìnián	１年間

単語	注音	ピンイン	品詞	意味
只	ㄓˇ	zhǐ	（副）	だけ

〈2〉動量補語「次」(…回（動作の回数）)
你看了幾次？　　あなたは何回見ましたか？

基本文

・你去了幾次？　　あなたは何回行きましたか？
・你打了幾次電話？　　あなたは電話を何回かけましたか？

単語	注音	ピンイン	品詞	意味
次	ㄘˋ	cì	（量）	（繰り返す動作の回数）…回
打	ㄉㄚˇ	dǎ	（動）	（電話を）かける
電話	ㄉㄧㄢˋㄏㄨㄚˋ	diànhuà	（名）	電話

ポイント

❶動量補語はその動作の回数を表す。動量補語を用いる文の基本型は「動詞＋数詞＋動量詞（「次」（回）など）」。

　例　我念了三**次**。　　私は3回読みました。

❷動量補語を用いる文の動詞に目的語がある場合は、目的語を動量補語の後ろに置く。

　例　我打了兩次**電話**。　　私は2回電話をしました。

❸動量補語を用いる文の動詞の目的語が場所であれば、目的語は数詞の前に置く。

　例　我去年去了**台灣**一次。　　私は去年1回台湾へ行きました。

❹動量補語を用いる文の動詞の目的語を強調する場合は、この目的語を文頭に置くこともできる。

　例　**電話**我打了兩次。　　電話を私は2回しました。
　　　臺灣我去年去了一次。　　台湾へは私は去年1回行きました。

実用会話① ※下線部を🐯マーク以下の単語に置き換えて練習してみよう！

Q：去年你去了<u>臺灣</u>幾次？　　あなたは去年何回台湾へ行きましたか？
A：去年我去了<u>臺灣</u>一次。　　私は去年1回台湾へ行きました。

単語	注音	ピンイン	品詞	意味
大阪	ㄅㄚˋ ㄅㄢˇ	Dàbǎn	(名)	大阪

〈3〉動態助詞「過」（…したことがある（経験を表す））
你去過臺灣幾次？　　あなたは台湾へ何回行ったことがありますか？

実用会話① ※下線部を🐯マーク以下の単語に置き換えて練習してみよう！

Q：你去過<u>京都</u>幾次？　　あなたは京都へ何回行ったことがありますか？
A：我去過<u>京都兩</u>次。　　私は京都へ2回行ったことがあります。

単語	注音	ピンイン	品詞	意味
過	ㄍㄨㄛˋ	guò	(助)	(動作の経験)…したことがある
臺北	ㄊㄞˊ ㄅㄟˇ	Táiběi	(名)	台北

ポイント

❶「過」は経験したことを表す動態助詞。動詞の後ろに置く。
　否定形は「沒」を動詞の前に置いてつくる。
　例 我吃**過**生魚片。　　私は刺身を食べたことがあります。
　　　　我**沒**吃過生魚片。　　私は刺身を食べたことがありません。
❷疑問文は文末に「嗎」あるいは「沒有」を置いてつくる。
　例 你吃過生魚片**嗎**？　　あなたは刺身を食べたことがありますか？
　　　　你吃過生魚片**沒有**？　　あなたは刺身を食べたことがありますか？

単語	注音	ピンイン	品詞	意味
生魚片	ㄕㄥ ㄩˊ ㄆㄧㄢˋ	shēngyúpiàn	(名)	刺身

Step 19

Thema

〈1〉動態進行形「在」
　　（…している）

〈2〉静態進行形「著」
　　（…している《動作や状態の持続を表す》）

〈1〉動態進行形「在」(…している)
你在做什麼？　　あなたは何をしていますか？

基本文

・你在做什麼？　　　　あなたは何をしていますか？
・你在做什麼料理？　　あなたは何の料理を作っているのですか？

単語	注音	ピンイン	品詞	意味
在	ㄗㄞˋ	zài	(副)	…している
呢	・ㄋㄜ	ne	(助)	（文末に用いて動作や状態の継続）…している

ポイント

❶動作が進行していることを表す動態進行形（…している）は、動詞の前に「在」や「正」、「正在」を置いてつくる。

❷動態進行形の基本型は以下の通り。

1)「在＋動詞＋(呢)」

例　她**在**包水餃(**呢**)。　　彼女は餃子を作っています。

２）「正＋動詞＋（呢）」
例 她**正**包水餃(呢)。　　彼女はちょうど餃子を作っているところです。
３）「正在＋動詞＋（呢）」
例 她**正在**包水餃(呢)。　　彼女はちょうど（まさに今）餃子を作っているところです。

❸動詞述語文の文末に「呢」をつけると、進行形になる。
例 她包水餃**呢**。　　彼女は餃子を作っているところだよ。

❹進行形の「在」を用いた場合は、進行している状況が強調される。
「正」（ちょうど）を用いた場合は、進行している時間（まさに今）が強調される。

❺動態進行形の否定形は「沒」「沒有」を用いる。
疑問形に対する返答の場合は「沒有」を用いる。
例 你在看電視嗎？　　あなたはテレビを見ていますか？
　　沒有。我沒(有)在看電視。　　いいえ。私はテレビを見ていません。

実用会話①
※下線部を🔄マーク以下の単語に置き換えて練習してみよう！

Q：他在做什麼呢？　　彼は何を作っていますか？
A：他在做<u>魯肉飯</u>呢。　　彼は魯肉飯を作っています。

単語	注音	ピンイン	品詞	意味
魯肉飯	ㄌㄨˇ ㄖㄡˋ ㄈㄢˋ	lǔròufàn	（名）	豚ひき肉の醤油煮込みご飯
牛肉麵	ㄋㄧㄡˊ ㄖㄡˋ ㄇㄧㄢˋ	niúròumiàn	（名）	牛肉麵

実用会話②
※下線部を🔄マーク以下の単語に置き換えて練習してみよう！

Q：昨天她去的時候，小玉正在做什麼？
　　昨日彼女が行ったちょうどそのとき、小玉は何をしていましたか？
A：昨天她去的時候，小玉正在<u>洗澡</u>。
　　昨日彼女が行ったとき、小玉はちょうど入浴しているところでした。

単語	注音	ピンイン	品詞	意味
時候	ㄕˊ ㄏㄡˋ	shíhòu	(名)	（時間の）とき
洗澡	ㄒㄧˇ ㄗㄠˇ	xǐzǎo	(動)	入浴する
洗衣服	ㄒㄧˇ ㄧ ㄈㄨˊ	xǐyīfú	(組)	服を洗う

ポイント

❶動態進行形は「現在・過去・未来」のいずれの場合にも使うことができる。「未来動態進行形」の場合は、未来を表す「一定」（きっと、必ず）などの副詞や、「會」（…だろう）などの能願助動詞を用いなければならない。

例 他在吃晚飯。
（現在）彼は晩ご飯を食べています。
昨天我去夜市的時候，他在吃雪花冰。
（過去）昨日私が夜店に行ったとき、彼はちょうどかき氷を食べていました。
明天晚上六點你去她家的時候，她一**定會**在包水餃。
（未来）明日夜6時にあなたが彼女の家に行ったときには、彼女は（きっと）水餃子を作っていることでしょう。

単語	注音	ピンイン	品詞	意味
雪花冰	ㄒㄩㄝˇ ㄏㄨㄚ ㄅㄧㄥ	xuěhuābīng	(名)	きめの細かい粉雪のようなかき氷

〈2〉静態進行形「著」（…している《動作や状態の持続を表す》）
外面下著雨嗎？　　外は雨が降っていますか？

基本文

・外面下著雨嗎？　　外は雨が降っていますか？
・門開著沒有？　　　ドアは開いていますか？

単語	注音	ピンイン	品詞	意味
外面	ㄨㄞˋ ㄇㄧㄢˋ	wàimiàn	(名)	外、外側
著	•ㄓㄜ	zhe	(助)	(動作などを持続している状態)…している
門	ㄇㄣˊ	mén	(名)	ドア
開	ㄎㄞ	kāi	(動)	開く

ポイント

❶ 静態進行形の基本型は、「動詞＋著」。「著」を用いて、動作や状態を持続していることを表す。

例 外面下**著**雨。　　外は雨が降っています。

❷ 静態進行形は、動作持続の方法を表すこともある。

例 他們站**著**吃拉麵。　　彼らは立ったままラーメンを食べています。
我們走**著**回家。　　私たちは歩いて家に帰ります。

❸ 静態進行形の疑問文は、文末に「嗎」あるいは「沒有」を置いてつくる。

例 外面下著雨**嗎**？　　外は雨が降っていますか？
門開著**沒有**？　　ドアは開いていますか？

❹ 否定形は「沒」「沒有」を使ってつくる。疑問文に対して否定の返答をする場合は、「沒有」を使う。

例 門**沒**（**有**）開著嗎？　　ドアは開いていませんか？
沒有。門關著。　　いいえ。ドアは閉まっています。

単語	注音	ピンイン	品詞	意味
站	ㄓㄢˋ	zhàn	(動)	立つ
拉麵	ㄌㄚ ㄇㄧㄢˋ	lāmiàn	(名)	ラーメン
關	ㄍㄨㄢ	guān	(動)	閉まる

実用会話①　※下線部を🐯マーク以下の単語に置き換えて練習してみよう！

Q：電燈開著嗎？　　電気はついていますか？
A：電燈沒開著。　　電気はついていません。

単語	注音	ピンイン	品詞	意味
電燈	ㄉㄧㄢˋ ㄉㄥ	diàndēng	(名)	電灯
冷氣	ㄌㄥˇ ㄑㄧˋ	lěngqì	(名)	冷房

実用会話② ※下線部を🐯マーク以下の単語に置き換えて練習してみよう！

Q：去逛街吧。　　（私たちは）街をぶらぶら見物しに行きましょう。

A：外面下著雨呢，不要去逛街吧。
　　外は雨が降っています、街をぶらぶらしに行くのはやめましょう。

単語	注音	ピンイン	品詞	意味
吧	・ㄅㄚ	ba	(助)	文末で提案などを表す
逛街	ㄍㄨㄤˋ ㄐㄧㄝ	guàngjiē	(組)	街をぶらぶらする
散步	ㄙㄢˋ ㄅㄨˋ	sànbù	(動)	散歩する

ポイント

●以下の文型のように、動態進行形と静態進行形を同時に用いることもある。

1)「正＋動詞＋著」
　例　外面**正**下**著**雨。　　外は（今まさに）雨が降っています。

2)「著…呢」
　例　外面下**著**雨**呢**。　　外は雨が降っています。

Step 20

Thema

〈1〉目的語を動詞の前に引き出す「把」
〈2〉「把」を用いた文の否定形
〈3〉動詞の重複（ちょっと）／「一下」（ちょっと）

〈1〉目的語を動詞の前に引き出す「把」
你把錢帶來了嗎？　　お金を持って来ましたか？

基本文

・你把衣服洗了嗎？　　　あなたは服を洗いましたか？
・你把包包帶來了沒有？　あなたはバックを持ってきましたか？

単語	注音	ピンイン	品詞	意味
把	ㄅㄚˇ	bǎ	（前）	…を～する
衣服	ㄧ ㄈㄨˊ	yīfú	（名）	着物
洗	ㄒㄧˇ	xǐ	（動）	洗う
包包	ㄅㄠ ㄅㄠ	bāobāo	（名）	バック

ポイント

❶華語の基本形「S＋V＋O（目的語）」の形を崩せるのは「把」。「把」は目的語を動詞の前に引き出すことができる。

❷「把」を用いた文の基本型は「S＋把＋O（目的語）＋V」。

❸「把」を用いた文では、特定したある事や物に対する動作などを表す。

例 （例えば、台所に醬油、お酢、ラー油などがあって、醬油だけ食卓に持ってきてほしい場合には…）

　　　你**把**醬油拿來。　　あなた、醬油を持ってきてくださいな。

❹❸での動作が現実に遂行された場合には、文末に「了」を用いて表す。

例　我把醬油拿來**了**。　　私は醬油を持ってきました。

❺「把」を用いた文の疑問文は、文末に「嗎」「沒有」を置いてつくる。

例　你把醬油拿來了**嗎**？　　あなたは醬油を持ってきましたか？
　　你把醬油拿來了**沒有**？　　あなたは醬油を持ってきましたか？

単語	注音	ピンイン	品詞	意味
醬油	ㄐㄧㄤˋ ㄧㄡˊ	jiàngyóu	（名）	醬油

実用会話①
※下線部を🐯マーク以下の単語に置き換えて練習してみよう！

Q：你把<u>便當</u>帶來了嗎？　　あなたは弁当を持ってきましたか？
A：我把<u>便當</u>帶來了。　　私は弁当を持ってきました。

単語	注音	ピンイン	品詞	意味
便當	ㄅㄧㄢˋ ㄉㄤ	biàndāng	（名）	弁当
信用卡	ㄒㄧㄣˊ ㄩㄥˋ ㄎㄚˇ	xìnyòngkǎ	（名）	クレジットカード

実用会話②
※下線部を🐯マーク以下の単語に置き換えて練習してみよう！

Q：你把<u>茶</u>泡好了沒有？　　あなたはお茶をいれましたか？
A：我把<u>茶</u>泡好了。　　私はお茶をいれました。

単語	注音	ピンイン	品詞	意味
泡	ㄆㄠˋ	pào	（動）	（お茶、コーヒーなどを）たてる
咖啡	ㄎㄚ ㄈㄟ	kāfēi	（名）	コーヒー

ポイント

❶「把」を用いた目的語の後ろには、1）動詞、2）動詞重複、3）程度補語、4）結果補語の各種動詞を用いることができる。ただし、可能補語を用いることはできない。

例
1）他把藥**吃**了。　　　　　　彼は薬を飲みました。
2）你把杯子**洗洗**。　　　　　ちょっとコップを洗ってください。
3）她把杯子**洗得很乾淨**。　　彼女はコップをきれいに洗いました。
4）我把茶**泡好**了。　　　　　私はお茶を入れました。

単語	注音	ピンイン	品詞	意味
吃	ㄔ	chī	(動)	（薬を）飲む
藥	ㄧㄠˋ	yào	(名)	薬
乾淨	ㄍㄢ ㄐㄧㄥˋ	gānjìng	(形)	きれいである、清潔な

〈2〉「把」を用いた文の否定形
你沒把錢帶來嗎？　　あなたはお金を持ってきていませんか？

基本文

・你沒把錢帶來嗎？　　　　あなたはお金を持ってきていないのですか？
・你沒把禮物送給她嗎？　　あなたはプレゼントを彼女にあげなかったのですか？

単語	注音	ピンイン	品詞	意味
帶來	ㄉㄞˋ ㄌㄞˊ	dàilái	(動)	持って来る
禮物	ㄌㄧˇ ㄨˋ	lǐwù	(名)	プレゼント

ポイント

❶ 「把」を用いた文の否定形は、「沒」や「沒有」、「不」を「把」の前に置いてつくる。

例　他**沒**把門關上。　　　　　彼はドアを閉めませんでした。
　　你**不**把照相機帶去嗎？　　あなたはカメラを持っていかないのですか？

❷ 「把」を用いた文に、能願助動詞（「能」「可以」など）を用いることもできる。この場合、能願助動詞は「把」の前に置く。

例　一年**能**把華語學好嗎？　　１年で華語をマスターすることができますか？

実用会話①

※下線部を🐯マーク以下の単語に置き換えて練習してみよう！

Q：你把<u>錢</u>帶來了嗎？　　　あなたはお金を持ってきましたか？
A：我忘了。我沒把<u>錢</u>帶來。　忘れました。私はお金を持ってきていません。

単語	注音	ピンイン	品詞	意味
忘	ㄨㄤˋ	wàng	(動)	忘れる
🐯				
護照	ㄏㄨˋ ㄓㄠˋ	hùzhào	(名)	パスポート

〈3〉動詞の重複（ちょっと）／「一下」（ちょっと）

我來介紹介紹。　　私がちょっと紹介します。

実用会話①

※下線部を🐯マーク以下の単語に置き換えて練習してみよう！

Q：你能把產品<u>介紹一下</u>嗎？　　製品をちょっと紹介してくれますか？
A：好。我來<u>介紹介紹</u>。　　　　はい。（私が）ちょっと紹介しましょう。

単語	注音	ピンイン	品詞	意味
產品	ㄔㄢˇ ㄆㄧㄣˇ	chǎnpǐn	（名）	製品
介紹	ㄐㄧㄝˋ ㄕㄠˋ	jièshào	（動）	紹介する
一下	ㄧˊ ㄒㄧㄚˋ	yíxià	（数量）	ちょっと…する
來	ㄌㄞˊ	lái	（動）	（動作の趨勢を表す）来て…する
說明	ㄕㄨㄛ ㄇㄧㄥˊ	shuōmíng	（動）	説明する

ポイント

❶「動詞の重複」は、動作をちょっとやってみることを表す。

例 **看看**　　ちょっと見る

❷一音節の動詞の重複の場合には、動詞と動詞の間に「一」や動態助詞「了」を用いることができる。

例 看**一**看　　ちょっと見る
　　看**了**看　　ちょっと見た

❸二音節の動詞の重複の場合には、動詞と動詞の間に「一」や動態助詞「了」を用いることはできない。

例 ×介紹一介紹　　×介紹了介紹

　　二音節の動詞の重複では、「ＡＢＡＢ」の形となる。

例 介紹介紹　　ちょっと紹介する

Step 21

Thema

〈1〉比較文の「比」(…より)
〈2〉程度補語(「得など」)を用いた比較文
〈3〉数量補語(「数量＋量詞」)を用いた比較文
〈4〉「一點」「一些」(少し)を使った程度補語比較文 (…より少しだけ)

〈1〉比較文の「比」(…より)
妳比他大嗎？　あなたは彼より年上ですか？

基本文

・妳比他大嗎？　　　　　　　あなたは彼より年上ですか？
・日本人比臺灣人走得快嗎？　日本人は台湾人より歩くのが速いですか？

単語	注音	ピンイン	品詞	意味
比	ㄅㄧˇ	bǐ	(前)	…より、…に比べて
走	ㄗㄡˇ	zǒu	(動)	歩く
快	ㄎㄨㄞˋ	kuài	(形)	(速度が)速い

ポイント

❶比較を表す文の基本型は、「A＋比＋B＋X（比較の結果）」。「AはBに比べてXである」の意味。

例 我**比**他大。　　私は彼より年上です。

❷比較を表す文では、「更（さらに）」や「還（もっと）」などの副詞を用い

ることがしばしばある。なお、「很（とても…）」「不太（あまり…ない）」などの副詞は用いることができない。

例 弟弟比哥哥**更**高。　　弟はお兄さんよりさらに背が高いです。

単語	注音	ピンイン	品詞	意味
更	ㄍㄥˋ	gèng	（副）	さらに
還	ㄏㄞˊ	hái	（副）	もっと
高	ㄍㄠ	gāo	（形）	（身長などが）高い

実用会話①　※下線部を🐱マーク以下の単語に置き換えて練習してみよう！

Q：這個菜比那個菜辣嗎？　　この料理はあの料理より辛いですか？
A：對。這個菜比那個菜辣。　　そうですね。この料理はあの料理より辛いです。

単語	注音	ピンイン	品詞	意味
菜	ㄘㄞˋ	cài	（名）	料理
🐱				
火鍋	ㄏㄨㄛˇ ㄍㄨㄛ	huǒguō	（名）	台湾風寄せ鍋

〈2〉程度補語（「得」など）を用いた比較文
日本人比臺灣人走得快。　　日本人は台湾人より歩くのが速いです。

実用会話①　※下線部を🐱マーク以下の単語に置き換えて練習してみよう！

Q：日本人比臺灣人走得快嗎？　　日本人は台湾人より歩くのが速いですか？
A：日本人比臺灣人走得快。　　日本人は台湾人より歩くのが速いです。

単語	注音	ピンイン	品詞	意味
🐱				
吃	ㄔ	chī	（動）	食べる

ポイント

●程度補語〈→ Step13 参照〉を用いた比較文の語順には、以下の2通りがある。
　1) 日本人比臺灣人**走得快**。　日本人は台湾人より歩くのが速いです。
　2) 日本人**走得**比臺灣人**快**。　日本人は台湾人より歩くのが速いです。

〈3〉数量補語（「数詞＋量詞」）を用いた比較文
你比他大幾歲？　　あなたは彼より何歳年上ですか？

基本文

・你比他大幾歲？　　あなたは彼より何歳年上ですか？
・你比他高幾公分？　あなたは彼より何センチ背が高いですか？

単語	注音	ピンイン	品詞	意味
大	ㄉㄚˋ	dà	（形）	（年齢が）上
歲	ㄙㄨㄟˋ	suì	（量）	（年齢を数える）歳
公分	ㄍㄨㄥ ㄈㄣ	gōngfēn	（量）	センチメートル

ポイント

●比較文で、差を数量などで具体的に示すときには、数量補語を用いる。差の数量は形容詞の後ろ。「A＋比＋B＋形容詞＋差異の数量」の語順になる。
　例　我**比**他大**一歲**。　　私は彼より1歳年上です。

実用会話①　※下線部を🐯マーク以下の単語に置き換えて練習してみよう！

Q：<u>鐵觀音茶比烏龍茶貴</u>多少？　　鉄観音茶はウーロン茶よりいくら高いですか？
A：<u>鐵觀音茶比烏龍茶貴</u>五十元。　鉄観音茶はウーロン茶より50元高いです。

単語	注音	ピンイン	品詞	意味
鐵觀音茶	ㄊㄧㄝˇ ㄍㄨㄢ ㄧㄣ ㄔㄚˊ	Tiěguānyīnchá	（名）	（ウーロン茶の一種）鉄観音茶
貴	ㄍㄨㄟˋ	guì	（形）	（値段が）高い
凍頂茶	ㄉㄨㄥˋ ㄉㄧㄥˇ ㄔㄚˊ	Dòngdǐngchá	（名）	（ウーロン茶の一種）凍頂茶

〈4〉「一點」「一些」（少し）を使った程度補語比較文（…より少しだけ）
你比他大幾歲？　あなたは彼より何歳年上ですか？

実用会話①　※下線部を🐯マーク以下の単語に置き換えて練習してみよう！

Q：你比他高一點嗎？　あなたは彼より少し背が高いですか？
A：我比他高一點。　私は彼より少し背が高いです。

単語	注音	ピンイン	品詞	意味
胖一些	ㄆㄤˋ ㄧˋ ㄒㄧㄝ	pàngyìxiē	（組）	少し太る

ポイント

❶比較文において、相互の差の程度があまり大きくない場合には、「一點」「一些」（少し）を使う。

例　我比她大一**點**。　　　　私は彼女より少し年上です。
　　　臺北比高雄涼快一**些**。　台北は高雄より少し涼しいです。

❷一方、差の程度が大きい場合は「得多」（ずっと多い）を使う。

例　日本的水果比臺灣貴**得多**。　日本の果物は台湾よりずっと高値です。

単語	注音	ピンイン	品詞	意味
水果	ㄕㄨㄟˇ ㄍㄨㄛˇ	shuǐguǒ	（名）	果物

Step 22

Thema

〈1〉比較文の「跟…一樣」(…と同じ)
〈2〉比較文の「…有…這麼（那麼）～」
　　（…は…ほど～、こんなに《あんなに》）
〈3〉程度補語を用いた比較文

〈1〉比較文の「跟…一樣」(…と同じ)

你的想法跟他的想法一樣嗎？　あなたの考え方は彼の考え方と同じですか？

基本文

・你的想法跟他的想法一樣嗎？　　あなたの考え方は彼の考え方と同じですか？

・他用的智慧型手機跟你的一樣嗎？　彼が使っているスマートフォンはあなたと同じですか？

単語	注音	ピンイン	品詞	意味
想法	ㄒㄧㄤˇ ㄈㄚˇ	xiǎngfǎ	（名）	考え方
跟	ㄍㄣ	gēn	（前）	…と
一樣	ㄧˊ ㄧㄤˋ	yíyàng	（形）	同じだ
用	ㄩㄥˋ	yòng	（動）	使う
智慧型手機	ㄓˋ ㄏㄨㄟˋ ㄒㄧㄥˊ ㄕㄡˇ ㄐㄧ	zhìhuìxíng shǒujī	（名）	スマートフォン

ポイント

❶「A＋跟＋B＋一樣」（AはBと同じ）は、AとBを比較した結果が同じことを表す。

　例 我的想法**跟**你的想法**一樣**。　私の考え方とあなたの考え方は同じです。

❷AとBの目的語が同じであれば、どちらかを省略することができる。

　例 我跟你的想法一樣。　　　　　私はあなたの考え方と同じです。
　　　我的想法跟你(的)一樣。　　　　私の考え方はあなたと同じです。

実用会話①
※下線部をマーク以下の単語に置き換えて練習してみよう！

Q：你的<u>做法</u>跟他的<u>做法</u>一樣嗎？　あなたのやり方は彼のやり方と同じですか？

A：我的<u>做法</u>跟他的<u>做法</u>一樣。　　私のやり方は彼のやり方と同じです。

単語	注音	ピンイン	品詞	意味
做法	ㄗㄨㄛˋ ㄈㄚˇ	zuòfǎ	(名)	やり方
看法	ㄎㄢˋ ㄈㄚˇ	kànfǎ	(名)	見方

実用会話②
※下線部をマーク以下の単語に置き換えて練習してみよう！

Q：她做的菜跟妳做的菜一樣<u>好吃</u>嗎？　彼女が作る料理はあなたと同じくらいおいしいですか？

A：她做的菜跟我做的菜一樣<u>好吃</u>。　　彼女が作る料理は私と同じくらいおいしいです。

単語	注音	ピンイン	品詞	意味
妳	ㄋㄧˇ	nǐ	(代)	(女性の第二人称) あなた

単語	注音	ピンイン	品詞	意味
辣	ㄌㄚˋ	là	(形)	ぴりっと辛い

ポイント

❶比較した結果、どんな状態かを示したい場合は、その状態を「一樣」の後ろに置く。

例 她做的菜跟妳做的菜一樣**好吃**。

彼女が作る料理はあなた（が作る料理）と同じくらい美味しいです。

❷差異の数量を示さずに「同じではない」ことを表す比較文の否定形では、「不」が、前置詞「跟」または形容詞「一樣」の前に置かれる。

例 臺灣的拜法**不跟**日本的拜法一樣。　　台湾のお参りの仕方は日本のお参りの仕方と同じではありません。

臺灣的拜法跟日本的拜法**不一樣**。　　台湾のお参りの仕方と日本のお参りの仕方は違います。

〈2〉比較文の「…有…這麼（那麼）～」(…は…ほど～)
東京有臺北這麼熱嗎？　　東京では台北なみのこんな暑さですか？

実用会話①　※下線部を🐯マーク以下の単語に置き換えて練習してみよう！

・東京有臺北這麼熱嗎？　　東京では台北なみのこんな暑さですか？
・台北101有東京晴空塔那麼高嗎？　　台北101は東京スカイツリーと同じくらいの高さですか？

単語	注音	ピンイン	品詞	意味
這麼	ㄓㄜˋ ・ㄇㄜ	zhème	(代)	こんな（に）
那麼	ㄋㄚˋ ・ㄇㄜ	nàme	(代)	あんな（に）
台北101	ㄊㄞˊ ㄅㄟˇ ㄧ ㄌㄧㄥˊ ㄧ	Táiběiyīlíngyī	(名)	台北101ビルの高さは509.2メートル

単語	注音	ピンイン	品詞	意味
東京晴空塔	ㄉㄨㄥ ㄐㄧㄥ ㄑㄧㄥˊ ㄎㄨㄥ ㄊㄚˇ	Dōngjīng qíngkōngtǎ	（名）	東京スカイツリータワーの高さは634メートル

ポイント

❶同じ程度を示す比較文の基本型は、「A＋有＋B＋這麼（那麼）＋結果」。

例 東京**有**臺北**這麼**熱嗎？

東京では台北なみのこんな暑さですか？

台北101**有**東京晴空塔**那麼**高嗎？

台北101は東京スカイツリーと同じくらいの高さですか？

❷❶の文の否定形、つまり「同じではない」ことを示す文の基本型は、「A＋沒有＋B＋這麼（那麼）＋結果」（AはBほど（こんなに・あんなに）…ない）。

例 東京**沒有**臺北**這麼**熱。

東京は台北みたいにこんなに暑くありません。

台北101**沒有**東京晴空塔**那麼**高。

台北101は東京スカイツリーみたいにあんなに高くありません。

実用会話① ※下線部を🐯マーク以下の単語に置き換えて練習してみよう！

Q：日本的寺廟有<u>龍山寺</u>這麼熱鬧嗎？

日本のお寺は台湾の龍山寺みたいにこんなににぎやかなのですか？

A：日本的寺廟沒有<u>龍山寺</u>這麼熱鬧。

日本のお寺は台湾の龍山寺みたいにこんなににぎやかではありません。

単語	注音	ピンイン	品詞	意味
寺廟	ㄙˋ ㄇㄧㄠˋ	sìmiào	（名）	寺や廟
龍山寺	ㄌㄨㄥˊ ㄕㄢ ㄙˋ	Lóngshānsì	（名）	台北市内で最古の寺院
熱鬧	ㄖㄜˋ ㄋㄠˋ	rènào	（形）	にぎやかな
行天宮	ㄒㄧㄥˊ ㄊㄧㄢ ㄍㄨㄥ	Xíngtiāngōng	（名）	台北市内で人気の高い寺院 三国志で有名な「関羽」が主神

〈3〉程度補語を用いた比較文

他的華語講得很好嗎？　　彼の華語は（話すのが）上手ですか？

実用会話①
※下線部を🐯マーク以下の単語に置き換えて練習してみよう！

Q：他的華語<u>講</u>得很好嗎？　　彼の華語は（話すのが）上手ですか？
A：他的華語沒有你<u>講</u>得這麼好。　彼の華語はあなたほど上手くありません。

単語	注音	ピンイン	品詞	意味
講	ㄐㄧㄤˇ	jiǎng	（動）	話す、言う
說	ㄕㄨㄛ	shuō	（動）	言う、話す

ポイント

❶「A＋有 or 沒有＋B＋這麼(那麼)＋結果」の文型の「結果」には、形容詞のほか、動詞述語文なども入れられる。

例 我沒有我姊姊那麼**愛吃臭豆腐**。（「愛吃臭豆腐」は動詞述語文）
　　私は姉ほど臭豆腐が好きではありません。

❷程度補語を用いた比較文には、以下のような2通りの型がある。

1）我**走**得沒(有)他那麼**快**。
　　私は歩くのが彼ほど速くありません。

2）我**走路走**得沒(有)他那麼**快**。
　　私が道を歩くのは彼ほど速くありません。

単語	注音	ピンイン	品詞	意味
姊姊	ㄐㄧㄝˇ・ㄐㄧㄝ	jiějie	（名）	姉
愛	ㄞˋ	ài	（動）	好む
臭豆腐	ㄔㄡˋ ㄉㄡˋ ㄈㄨˇ	chòudòufǔ	（名）	豆腐を発酵させたもの
走路	ㄗㄡˇ ㄌㄨˋ	zǒulù	（動）	道を歩く

Step 23

Thema

〈1〉使役文「讓」(…させる)
〈2〉使役文「叫」(…させる)
〈3〉使役文「請」(…させる)
〈4〉受け身の「被」「讓」「叫」(…される)

他讓我參加派對

〈1〉使役文「讓」(…させる)

她讓你參加派對嗎？　彼女はあなたをパーティーに参加させますか？

基本文

・她讓你參加派對嗎？　　彼女はあなたをパーティーに参加させますか？
・她讓你去買東西嗎？　　彼女はあなたを買い物に行かせますか？

単語	注音	ピンイン	品詞	意味
讓	ㄖㄤˋ	ràng	(動)	…に…させる
參加	ㄘㄢ ㄐㄧㄚ	cānjiā	(動)	参加する
派對	ㄆㄞˋ ㄉㄨㄟˋ	pàiduì	(名)	パーティー

ポイント

❶使役文は、2つの動詞述語文から構成される。前の文の動詞の目的語が同時に、後文の主語になる。

例　她讓**我**參加派對。　　彼女はわたしをパーティーに参加させます。

上の文では、「我」は前の文（她讓我）の目的語でもあり、また後の文の（我

参加派對）の主語でもある。

❷使役文の「讓」は、通常、させられた側の者が「いやいや」ではなく、すすんで（喜んで）行動するような場合に用いる。

例 哥哥**讓**弟弟用電腦。　お兄さんは弟にパソコンを使わせます。

この例では、パソコンを使わせることで弟が喜ぶことを前提としている。

実用会話①　※下線部を🐾マーク以下の単語に置き換えて練習してみよう！

Q：小玉讓你參加派對嗎？　小玉はあなたにパーティーに参加させますか？
A：小玉讓我參加派對。　　小玉は私にパーティーに参加させます。

単語	注音	ピンイン	品詞	意味
🐾				
旅行	ㄌㄩˇ ㄒㄧㄥˊ	lǚxíng	（名）	旅行

〈2〉使役文「叫」（…させる）
醫生叫你做什麼？　　医者はあなたに何をさせるのですか？

実用会話①　※下線部を🐾マーク以下の単語に置き換えて練習してみよう！

Q：醫生叫你做什麼？　医者はあなたに何をさせるのですか？
A：醫生叫我減肥。　　医者は私にダイエットをさせるのです（私は医者からダイエットさせられます）。

単語	注音	ピンイン	品詞	意味
醫生	ㄧ ㄕㄥ	yīshēng	（名）	医者
叫	ㄐㄧㄠˋ	jiào	（動）	…に…させる
減肥	ㄐㄧㄢˇ ㄈㄟˊ	jiǎnféi	（動）	ダイエットする
🐾				
護士	ㄏㄨˋ ㄕˋ	hùshì	（名）	看護士

ポイント

●使役文の「叫」は、立場的に目上の人から「させる、させられる」場合によく使われる。

例　老闆**叫**他搬行李。　　オーナーは彼に荷物を運ばせます。

単語	注音	ピンイン	品詞	意味
老闆	ㄌㄠˇ ㄅㄢˇ	lǎobǎn	（名）	オーナー、社長
搬	ㄅㄢ	bān	（動）	運ぶ
行李	ㄒㄧㄥˊ ㄌㄧˇ	xínglǐ	（名）	（旅行の）荷物

〈3〉使役文「請」（…させる）
我請你吃飯。　　あなたにご馳走します。

実用会話②　※下線部を 🐯 マーク以下の単語に置き換えて練習してみよう！

Q：我請你吃飯。　　　あなたにご馳走します。
　　　　　　　　　　（私はあなたにご馳走させて頂きます）。
A：不。我請妳吃飯。　いいえ。私があなたにご馳走しますよ。

単語	注音	ピンイン	品詞	意味
請	ㄑㄧㄥˇ	qǐng	（動）	…に〜させる、ご馳走する

ポイント

❶使役文のなかでも、「請」はていねいな言い方で、人に何かを依頼、招待させるときに用いる。

例　我**請**她吃飯。　　私は彼女にご馳走します（ご馳走させて頂きます）。

❷使役文の否定形では、「讓」や「請」、「叫」の前に「不」「沒」を置く。

例　他**不**讓我們坐計程車。　　彼は私たちをタクシーに乗らせません。
　　他**沒**讓我們坐計程車。　　彼は私たちをタクシーに乗らせませんで

した。

単語	注音	ピンイン	品詞	意味
計程車	ㄐㄧˋ ㄔㄥˊ ㄔㄜ	jìchéngchē	（名）	タクシー

〈4〉受け身の「被」「讓」「叫」（…される）
你被蟲咬了嗎？　　あなたは虫に噛まれましたか？

基本文

・你被什麼蟲咬了？　　あなたは何の虫に噛まれたのですか？
・你被誰打了？　　あなたは誰に殴られたのですか？

単語	注音	ピンイン	品詞	意味
被	ㄅㄟˋ	bèi	（前）	（…によって）〜される
蟲	ㄔㄨㄥˊ	chóng	（名）	虫
咬	ㄧㄠˇ	yǎo	（動）	噛む
打	ㄉㄚˇ	dǎ	（動）	殴る

ポイント

❶受け身の文（受動文）の基本型は、「被動者（される側）+「被」or「讓」or「叫」)+主動者（する側）」。
　例　他**被**蚊子叮了。　　彼は蚊に刺されました。
❷被動者（される側）と主動者（する側）が入れ替わると、受け身ではない文（能動文）になる。
　例　1）受動文：　他**被**蚊子叮了。　　彼は蚊に刺されました。
　　　　2）能動文：　蚊子叮了他。　　蚊は彼を刺しました。
❸「被」は「害を被る、被害を受ける」という意味合いがあるほか、「不本意に」物などを壊されてしまったというニュアンスが含まれる。
　例　杯子**被**他打破了。　　コップは彼に壊されてしまいました。

単語	注音	ピンイン	品詞	意味
蚊子	ㄨㄣˊ ˙ㄗ	wénzi	（名）	蚊
叮	ㄉㄧㄥ	dīng	（動）	（蚊などが）刺す
打破	ㄉㄚˇ ㄆㄛˋ	dǎpò	（動）	壊す

実用会話① ※下線部を🐼マーク以下の単語に置き換えて練習してみよう！

Q：我的鳳梨酥讓她吃掉了嗎？　　私のパイナップルケーキは彼女に食べられちゃいましたか？

A：(你的鳳梨酥)沒讓她吃掉。　　（パイナップルケーキは）彼女に食べられていません。

単語	注音	ピンイン	品詞	意味
鳳梨酥	ㄈㄥˋ ㄉㄧˊ ㄙㄨ	fènglísū	（名）	パイナップルケーキ
讓	ㄖㄤˋ	ràng	（前）	（…によって）〜される
吃掉	ㄔ ㄉㄧㄠˋ	chīdiào	（動）	食べてしまう
叫	ㄐㄧㄠˋ	jiào	（前）	（…によって）〜される

実用会話② ※下線部を🐼マーク以下の単語に置き換えて練習してみよう！

Q：海報呢？　　ポスターは？

A：海報沒被掛上。　　ポスターは掛けられていませんでした。

単語	注音	ピンイン	品詞	意味
海報	ㄏㄞˇ ㄅㄠˋ	hǎibào	（名）	ポスター
掛上	ㄍㄨㄚˋ ㄕㄤˋ	guàshàng	（動）	掛ける

| 油畫 | ーㄡˊ ㄏㄨㄚˋ | yóuhuà | （名） | 油絵 |

ポイント

❶主動者が示されていない文（その必要がない場合）では、「被」は用いることができるが、「讓」と「叫」は用いることができない。

例 我的鳳梨酥**被**吃掉了。
（主動者が示されていないので「被」のみ使用可）
私のパイナップルケーキは食べられてしまいました。

我的鳳梨酥**讓**（**叫**）（**被**）她吃掉了。
（主動者「她（彼女）」が示されているので、「讓」や「叫」も使用可）
私のパイナップルケーキは彼女に食べられてしまいました。

❷否定型に用いる「沒(有)」と能願助動詞（「會」「能」など）は、「被」「讓」「叫」の前に置く。

例 你的鳳梨酥**沒**被吃掉。　　あなたのパイナップルケーキは食べられていませんでした。

你的鳳梨酥**會**被吃掉。　　あなたのパイナップルケーキは食べられちゃうよ。

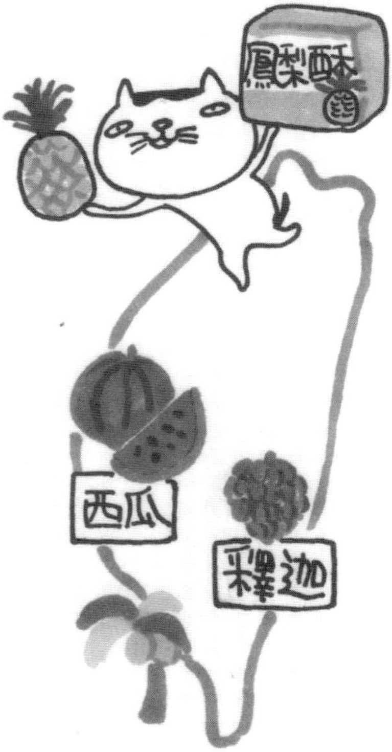
鳳梨酥
西瓜
釋迦

単語ノート編

【単語ノート① 華語の基本品詞と例】

動　詞　動作・状況・存在・作用などを表す。
〈例〉

単語	注音	ピンイン	品詞	意味
買	ㄇㄞˇ	mǎi	(動)	買う
說	ㄕㄨㄛ	shuō	(動)	言う
有	一ㄡˇ	yǒu	(動)	ある、いる、持っている

能願助動詞　動詞の前に置き、動作の能力・技能・願望・意欲などを表す。
〈例〉

単語	注音	ピンイン	品詞	意味
能	ㄋㄥˊ	néng	(能)	(技能などが) できる
想	ㄒ一ㄤˇ	xiǎng	(能)	…したい
要	一ㄠˋ	yào	(能)	…しなければならない

形容詞　五感の気持ちや物の性質・状態などの様子を表す。
〈例〉

単語	注音	ピンイン	品詞	意味
好吃	ㄏㄠˇㄔ	hǎochī	(形)	(食べ物が) 美味しい
甜	ㄊ一ㄢˊ	tián	(形)	甘い
忙	ㄇㄤˊ	máng	(形)	忙しい
遠	ㄩㄢˇ	yuǎn	(形)	遠い

副　詞　動詞・形容詞・副詞・前置詞・数詞など前に置き、状況などを表す。
〈例〉

単語	注音	ピンイン	品詞	意味
很	ㄏㄣˇ	hěn	(副)	とても
太	ㄊㄞˋ	tài	(副)	あまりにも…すぎる

単語	注音	ピンイン	品詞	意味
更	ㄍㄥˋ	gèng	(副)	さらに
還	ㄏㄞˊ	hái	(副)	もっと

数　詞　物の数などを表す。
〈例〉

単語	注音	ピンイン	品詞	意味
零	ㄌㄧㄥˊ	líng	(数)	0
一	ㄧ	yī	(数)	1
二	ㄦˋ	èr	(数)	2
百	ㄅㄞˇ	bǎi	(数)	100

量　詞　事物を数える単位の品詞。一般名詞の量詞と動作の回数を数える動量詞がある。
〈例〉

単語	注音	ピンイン	品詞	意味
個	・ㄍㄜ	ge	(量)	個
罐	ㄍㄨㄢˋ	guàn	(量)	缶を数える量詞
瓶	ㄆㄧㄥˊ	píng	(量)	瓶を数える量詞
次	ㄘˋ	cì	(量)	(繰り返す動作の回数) 回

名　詞　人・事・物体などの名を表す。
〈例〉

単語	注音	ピンイン	品詞	意味
哥哥	ㄍㄜ ・ㄍㄜ	gēge	(名)	兄
智慧型手機	ㄓˋ ㄏㄨㄟˋ ㄒㄧㄥˊ ㄕㄡˇ ㄐㄧ	zhìhuìxíng shǒujī	(名)	スマートフォン

人称代名詞　名前や物などの名称の代わりに使う。
〈例〉

単語	注音	ピンイン	品詞	意味
我	ㄨㄛˇ	wǒ	（代）	わたし
你	ㄋㄧˇ	nǐ	（代）	あなた
他	ㄊㄚ	tā	（代）	（男性の第三人称）彼

指示代名詞　物や人の場所を指し示す。
〈例〉

単語	注音	ピンイン	品詞	意味
這	ㄓㄜˋ	zhè	（代）	ここ
那	ㄋㄚˋ(ㄋㄟˋ)	nà(nèi)	（代）	あれ、それ、あの、その

疑問代名詞　疑問を表す。
〈例〉

単語	注音	ピンイン	品詞	意味
誰	ㄕㄟˊ（ㄕㄨㄟˊ）	shéi(shuí)	（代）	誰
哪裡	ㄋㄚˇㄌㄧˇ	nǎlǐ	（代）	どこ
幾	ㄐㄧˇ	jǐ	（代）	いくつ、いくら
什麼	ㄕㄣˊ・ㄇㄜ	shénme	（代）	なに

前置詞　場所・位置・時間・方位など名詞や代名詞の前に置いて句をつくる。
〈例〉

単語	注音	ピンイン	品詞	意味
從	ㄘㄨㄥˊ	cóng	（前）	（時間などの起点）…から
到	ㄉㄠˋ	dào	（前）	（時間などの終点）…まで
跟	ㄍㄣ	gēn	（前）	…と
把	ㄅㄚˇ	bǎ	（前）	…を…する

単語ノート① 華語の基本品詞と例 217

接続詞 述語と述語、また、名詞と名詞などをつなぐ働きをする。
〈例〉

単語	注音	ピンイン	品詞	意味
可是	ㄎㄜˇ ㄕˋ	kěshì	(接)	しかし
或者	ㄏㄨㄛˋ ㄓㄜˇ	huòzhě	(接)	あるいは

助　詞 名詞や動詞の動作をサポートする。
〈例〉

単語	注音	ピンイン	品詞	意味
的	・ㄉㄜ	de	(助)	…の
得	・ㄉㄜ	de	(助)	動詞や形容詞の後に用いて程度などを表す
地	・ㄉㄧ(・ㄉㄜ)	di (de)	(助)	形容詞の後ろに置いて、形容詞を副詞化する

組　句 本書でいう組句とは、2つ以上の品詞を組み合わせたフレーズのこと。
〈例〉

単語	注音	ピンイン	品詞	意味
不太	ㄅㄨˋ ㄊㄞˋ	bútài	(組)	あまり…ではない
洗碗	ㄒㄧˇ ㄨㄢˇ	xǐwǎn	(組)	茶碗を洗う
開車	ㄎㄞ ㄔㄜ	kāichē	(組)	(車を) 運転する

【単語ノート② 日常基本単語】

挨拶

単語	注音	ピンイン	意味
你好	ㄋㄧˇㄏㄠˇ	nǐhǎo	こんにちは
您好	ㄋㄧㄣˊㄏㄠˇ	nínhǎo	こんにちは（丁寧語）
早	ㄗㄠˇ	zǎo	おはよう
早安	ㄗㄠˇㄢ	zǎo'ān	おはようございます
晚安	ㄨㄢˇㄢ	wǎn'ān	おやすみなさい
謝謝	ㄒㄧㄝˋ・ㄒㄧㄝ	xièxie	ありがとう
不客氣	ㄅㄨˊㄎㄜˋㄑㄧˋ	búkèqì	（感謝される時の返答）どういたしまして
不用謝	ㄅㄨˊㄩㄥˋㄒㄧㄝ	búyòngxiè	（感謝される時の返答）どういたしまして
不謝	ㄅㄨˊㄒㄧㄝˋ	búxiè	（感謝される時の返答）どういたしまして
不會	ㄅㄨˊㄏㄨㄟˋ	búhuì	（感謝される時の返答）どういたしまして
哪裡哪裡	ㄋㄚˇㄌㄧˇㄋㄚˇㄌㄧˇ	nǎlǐnǎlǐ	（ほめられた時の返答）いえいえそんなこと
哪兒的話	ㄋㄚˇㄦ・ㄉㄜㄏㄨㄚˋ	nǎrdehuà	（ほめられた時の返答）なに言ってんの
請問	ㄑㄧㄥˇㄨㄣˋ	qǐngwèn	お尋ねします・お伺いします
對不起	ㄉㄨㄟˋㄅㄨˋㄑㄧˇ	duìbùqǐ	すみません
抱歉	ㄅㄠˋㄑㄧㄢˋ	bàoqiàn	申し訳なく思う
再見	ㄗㄞˋㄐㄧㄢˋ	zàijiàn	さようなら
拜拜	ㄅㄞㄅㄞ	bāibái	バイバイ（さようなら）
沒問題	ㄇㄟˊㄨㄣˋㄊㄧˊ	méiwèntí	大丈夫だ
沒關係	ㄇㄟˊㄍㄨㄢㄒㄧ	méiguānxī	大丈夫だ
等一下	ㄉㄥˇㄧˊㄒㄧㄚˋ	děngyíxià	しばらく待って

人称代名詞（単数）

単語	注音	ピンイン	品詞	意味
我	ㄨㄛˇ	wǒ	(代)	わたし
你	ㄋㄧˇ	nǐ	(代)	あなた、君
妳	ㄋㄧˇ	nǐ	(代)	（女性の第二人称）あなた、君
您	ㄋㄣˊ	nín	(代)	（丁寧語）あなた
他	ㄊㄚ	tā	(代)	彼
她	ㄊㄚ	tā	(代)	（女性の第三人称）彼女

人称代名詞（複数）

単語	注音	ピンイン	品詞	意味
我們	ㄨㄛˇ・ㄇㄣ	wǒmen	(代)	私たち
你們	ㄋㄧˇ・ㄇㄣ	nǐmen	(代)	あなたたち、君たち
妳們	ㄋㄧˇ・ㄇㄣ	nǐmen	(代)	（女性の第二人称）あなたたち、君たち
您們	ㄋㄣˊ・ㄇㄣ	nínmen	(代)	（丁寧語）あなたたち
他們	ㄊㄚ・ㄇㄣ	tāmen	(代)	彼ら
她們	ㄊㄚ・ㄇㄣ	tāmen	(代)	（女性の第三人称）彼女たち

家族の呼称

単語	注音	ピンイン	品詞	意味
爸爸	ㄅㄚˋ・ㄅㄚ	bàba	(名)	お父さん（直接呼びかけるとき）
父親	ㄈㄨˋㄑㄧㄣ	fùqīn	(名)	お父さん
媽媽	ㄇㄚ・ㄇㄚ	māma	(名)	お母さん（直接呼びかけるとき）
母親	ㄇㄨˇㄑㄧㄣ	mǔqīn	(名)	お母さん
先生	ㄒㄧㄢ ㄕㄥ	xiānshēng	(名)	（男性）…さん、夫
老公	ㄌㄠˇㄍㄨㄥ	lǎogōng	(名)	夫、旦那さん（直接呼びかけるとき）
太太	ㄊㄞˋ・ㄊㄞ	tàitai	(名)	妻、奥さん
老婆	ㄌㄠˇㄆㄛˊ	lǎopó	(名)	妻、奥さん（直接呼びかけるとき）

単語	注音	ピンイン	品詞	意味
哥哥	ㄍㄜ ・ㄍㄜ	gēge	(名)	兄
姊姊	ㄐㄧㄝˇ ・ㄐㄧㄝ	jiějie	(名)	姉
弟弟	ㄉㄧˋ ・ㄉㄧ	dìdi	(名)	弟
妹妹	ㄇㄟˋ ・ㄇㄟ	mèimei	(名)	妹
兒子	ㄦˊ ・ㄗ	érzi	(名)	息子
女兒	ㄋㄩˇ ㄦˊ	nǚ'ér	(名)	娘
阿公	ㄚ ㄍㄨㄥ	āgōng	(名)	（父方の）おじいさん（直接呼びかけるとき）
爺爺	ㄧㄝˊ ・ㄧㄝ	yéye	(名)	（父方の）おじいさん
祖父	ㄗㄨˇ ㄈㄨˋ	zǔfù	(名)	（父方の）祖父
阿嬤	ㄚ ㄇㄚˋ	āmà	(名)	（父方の）おばあさん（直接呼びかけるとき）
奶奶	ㄋㄞˇ ・ㄋㄞ	nǎinai	(名)	（父方の）おばあさん
祖母	ㄗㄨˇ ㄇㄨˇ	zǔmǔ	(名)	（父方の）祖母
外祖父	ㄨㄞˋ ㄗㄨˇ ㄈㄨˋ	wàizǔfù	(名)	（母方の）祖父
外祖母	ㄨㄞˋ ㄗㄨˇ ㄇㄨˇ	wàizǔmǔ	(名)	（母方の）祖母
伯伯	ㄅㄛˊ ・ㄅㄛ	bóbo	(名)	（父の兄）おじさん
叔叔	ㄕㄨˊ ・ㄕㄨ	shúshu	(名)	（父の弟）おじさん
姑姑	ㄍㄨ ・ㄍㄨ	gūgu	(名)	（父の姉妹）おばさん
舅舅	ㄐㄧㄡˋ ・ㄐㄧㄡ	jiùjiu	(名)	（母の兄弟）おじさん
阿姨	ㄚ ㄧˊ	āyí	(名)	（母の姉妹）おばさん

数　字

単語	注音	ピンイン	品詞	意味
零	ㄌㄧㄥˊ	líng	(数)	0（零、ゼロ）
一	ㄧ	yī	(数)	1
二	ㄦˋ	èr	(数)	2
三	ㄙㄢ	sān	(数)	3
四	ㄙˋ	sì	(数)	4

単語	注音	ピンイン	品詞	意味
五	ㄨˇ	wǔ	(数)	5
六	ㄌㄧㄡˋ	liù	(数)	6
七	ㄑㄧ	qī	(数)	7
八	ㄅㄚ	bā	(数)	8
九	ㄐㄧㄡˇ	jiǔ	(数)	9
十	ㄕˊ	shí	(数)	10
百	ㄅㄞˇ	bǎi	(数)	100
千	ㄑㄧㄢ	qiān	(数)	1000
萬	ㄨㄢˋ	wàn	(数)	10000（万）
億	ㄧˋ	yì	(数)	100000000（億）

お金の単位

単語	注音	ピンイン	品詞	意味
元	ㄩㄢˊ	yuán	(量)	（台湾の貨幣単位）元
塊	ㄎㄨㄞˋ	kuài	(量)	（台湾の貨幣単位）塊

貨幣等

単語	注音	ピンイン	品詞	意味
新台幣	ㄒㄧㄣ ㄊㄞˊ ㄅㄧˋ	Xīntáibì	(名)	ニュー台湾ドル
日元	ㄖˋ ㄅㄧˋ	Rìyuán	(名)	日本円
信用卡	ㄒㄧㄣˋ ㄩㄥˋ ㄎㄚˇ	xìnyòngkǎ	(名)	クレジットカード

年月日・曜日等の言い方

単語	注音	ピンイン	品詞	意味
前年	ㄑㄧㄢˊ ㄋㄧㄢˊ	qiánnián	(名)	おととし
去年	ㄑㄩˋ ㄋㄧㄢˊ	qùnián	(名)	去年
今年	ㄐㄧㄣ ㄋㄧㄢˊ	jīnnián	(名)	今年

単語	注音	ピンイン	品詞	意味
明年	ㄇㄧㄥˊ ㄋㄧㄢˊ	míngnián	（名）	来年
後年	ㄏㄡˋ ㄋㄧㄢˊ	hòunián	（名）	再来年
一月	ㄧ ㄩㄝˋ	yīyuè	（名）	1月
二月	ㄦˋ ㄩㄝˋ	èryuè	（名）	2月
三月	ㄙㄢ ㄩㄝˋ	sānyuè	（名）	3月
四月	ㄙˋ ㄩㄝˋ	sìyuè	（名）	4月
五月	ㄨˇ ㄩㄝˋ	wǔyuè	（名）	5月
六月	ㄌㄧㄡˋ ㄩㄝˋ	liùyuè	（名）	6月
七月	ㄑㄧ ㄩㄝˋ	qīyuè	（名）	7月
八月	ㄅㄚ ㄩㄝˋ	bāyuè	（名）	8月
九月	ㄐㄧㄡˇ ㄩㄝˋ	jiǔyuè	（名）	9月
十月	ㄕˊ ㄩㄝˋ	shíyuè	（名）	10月
十一月	ㄕˊ ㄧ ㄩㄝˋ	shíyīyuè	（名）	11月
十二月	ㄕˊ ㄦˋ ㄩㄝˋ	shí'èryuè	（名）	12月
一號	ㄧ ㄏㄠˋ	yīhào	（名）	1日
一日	ㄧ ㄖˋ	yīrì	（名）	1日
二號	ㄦˋ ㄏㄠˋ	èrhào	（名）	2日
二日	ㄦˋ ㄖˋ	èrrì	（名）	2日
星期一	ㄒㄧㄥ ㄑㄧˊ ㄧ	xīngqíyī	（名）	月曜日
星期二	ㄒㄧㄥ ㄑㄧˊ ㄦˋ	xīngqí'èr	（名）	火曜日
星期三	ㄒㄧㄥ ㄑㄧˊ ㄙㄢ	xīngqísān	（名）	水曜日
星期四	ㄒㄧㄥ ㄑㄧˊ ㄙˋ	xīngqísì	（名）	木曜日
星期五	ㄒㄧㄥ ㄑㄧˊ ㄨˇ	xīngqíwǔ	（名）	金曜日
星期六	ㄒㄧㄥ ㄑㄧˊ ㄌㄧㄡˋ	xīngqíliù	（名）	土曜日
星期天	ㄒㄧㄥ ㄑㄧˊ ㄊㄧㄢ	xīngqítiān	（名）	日曜日
星期日	ㄒㄧㄥ ㄑㄧˊ ㄖˋ	xīngqírì	（名）	日曜日
禮拜一	ㄌㄧˇ ㄅㄞˋ ㄧ	lǐbàiyī	（名）	月曜日

単語	注音	ピンイン	品詞	意味
禮拜二	ㄌㄧˇ ㄅㄞˋ ㄦˋ	lǐbài'èr	(名)	火曜日
禮拜三	ㄌㄧˇ ㄅㄞˋ ㄙㄢ	lǐbàisān	(名)	水曜日
禮拜四	ㄌㄧˇ ㄅㄞˋ ㄙˋ	lǐbàisì	(名)	木曜日
禮拜五	ㄌㄧˇ ㄅㄞˋ ㄨˇ	lǐbàiwǔ	(名)	金曜日
禮拜六	ㄌㄧˇ ㄅㄞˋ ㄌㄧㄡˋ	lǐbàiliù	(名)	土曜日
禮拜日	ㄌㄧˇ ㄅㄞˋ ㄖˋ	lǐbàirì	(名)	日曜日
禮拜天	ㄌㄧˇ ㄅㄞˋ ㄊㄧㄢ	lǐbàitiān	(名)	日曜日
大前天	ㄉㄚˋ ㄑㄧㄢˊ ㄊㄧㄢ	dàqiántiān	(名)	さきおととい
前天	ㄑㄧㄢˊ ㄊㄧㄢ	qiántiān	(名)	一昨日、おととい
昨天	ㄗㄨㄛˊ ㄊㄧㄢ	zuótiān	(名)	昨日
今天	ㄐㄧㄣ ㄊㄧㄢ	jīntiān	(名)	今日
明天	ㄇㄧㄥˊ ㄊㄧㄢ	míngtiān	(名)	明日
後天	ㄏㄡˋ ㄊㄧㄢ	hòutiān	(名)	明後日、あさって
大後天	ㄉㄚˋ ㄏㄡˋ ㄊㄧㄢ	dàhòutiān	(名)	しあさって
上個月	ㄕㄤˋ •ㄍㄜ ㄩㄝˋ	shànggeyuè	(名)	先月
這個月	ㄓㄜˋ •ㄍㄜ ㄩㄝˋ	zhègeyuè	(名)	今月
下個月	ㄒㄧㄚˋ •ㄍㄜ ㄩㄝˋ	xiàgeyuè	(名)	来月
上個星期	ㄕㄤˋ •ㄍㄜ ㄒㄧㄥ ㄑㄧˊ	shànggexīngqí	(名)	先週
這個星期	ㄓㄜˋ •ㄍㄜ ㄒㄧㄥ ㄑㄧˊ	zhègexīngqí	(名)	今週
下個星期	ㄒㄧㄚˋ •ㄍㄜ ㄒㄧㄥ ㄑㄧˊ	xiàgexīngqí	(名)	来週

時間帯の言い方

単語	注音	ピンイン	品詞	意味
清晨	ㄑㄧㄥ ㄔㄣˊ	qīngchén	(名)	早朝
早上	ㄗㄠˇ ㄕㄤˋ	zǎoshàng	(名)	朝
上午	ㄕㄤˋ ㄨˇ	shàngwǔ	(名)	午前
中午	ㄓㄨㄥ ㄨˇ	zhōngwǔ	(名)	昼ごろ

単語	注音	ピンイン	品詞	意味
下午	ㄒㄧㄚˋ ㄨˇ	xiàwǔ	（名）	午後
傍晚	ㄅㄤ ㄨㄢˇ	bāngwǎn	（名）	夕方
晚上	ㄨㄢˇ ㄕㄤˋ	wǎnshàng	（名）	夜
半夜	ㄅㄢˋ ㄧㄝˋ	bànyè	（名）	夜中

時間の言い方

単語	注音	ピンイン	品詞	意味
一點（鐘）	ㄧˋ ㄅㄧㄢˇ (ㄓㄨㄥ)	yìdiǎn(zhōng)	（組）	1時
兩點十分	ㄌㄧㄤˇ ㄅㄧㄢˇ ㄕˊ ㄈㄣ	liǎngdiǎnshífēn	（組）	2時10分
三點十五分	ㄙㄢ ㄅㄧㄢˇ ㄕˊ ㄨˇ ㄈㄣ	sāndiǎnshíwǔfēn	（組）	3時15分
三點一刻	ㄙㄢ ㄅㄧㄢˇ ㄧˊ ㄎㄜˋ	sāndiǎnyíkè	（組）	3時15分
四點半	ㄙˋ ㄅㄧㄢˇ ㄅㄢˋ	sìdiǎnbàn	（組）	4時半
四點三十分	ㄙˋ ㄅㄧㄢˇ ㄙㄢ ㄕˊ ㄈㄣ	sìdiǎnsānshífēn	（組）	4時30分
五點三刻	ㄨˇ ㄅㄧㄢˇ ㄙㄢ ㄎㄜˋ	wǔdiǎnsānkè	（組）	5時45分
五點四十五分	ㄨˇ ㄅㄧㄢˇ ㄙˋ ㄕˊ ㄨˇ ㄈㄣ	wǔdiǎnsìshíwǔfēn	（組）	5時45分
差十分六點	ㄔㄚˋ ㄕˊ ㄈㄣ ㄌㄧㄡˋ ㄅㄧㄢˇ	chàshífēnliùdiǎn	（組）	6時10分前

時間の長さ

単語	注音	ピンイン	品詞	意味
一年	ㄧˋ ㄋㄧㄢˊ	yìnián	（組）	1年
兩年	ㄌㄧㄤˇ ㄋㄧㄢˊ	liǎngnián	（組）	2年
一個月	ㄧˊ ˙ㄍㄜ ㄩㄝˋ	yígeyuè	（組）	1ヵ月
兩個月	ㄌㄧㄤˇ ˙ㄍㄜ ㄩㄝˋ	liǎnggeyuè	（組）	2ヵ月
一天	ㄧˋ ㄊㄧㄢ	yìtiān	（組）	1日
兩天	ㄌㄧㄤˇ ㄊㄧㄢ	liǎngtiān	（組）	2日間

単語	注音	ピンイン	品詞	意味
半個小時	ㄅㄢˋ ˙ㄍㄜ ㄒㄧㄠˇ ㄕˊ	bàngexiǎoshí	(組)	30分間
半個鐘頭	ㄅㄢˋ ˙ㄍㄜ ㄓㄨㄥ ㄊㄡˊ	bàngezhōngtóu	(組)	30分間
一個半小時	ㄧˊ ˙ㄍㄜ ㄅㄢˋ ㄒㄧㄠˇ ㄕˊ	yígebànxiǎoshí	(組)	1時間半
一個半鐘頭	ㄧˊ ˙ㄍㄜ ㄅㄢˋ ㄓㄨㄥ ㄊㄡˊ	yígebànzhōngtóu	(組)	1時間半
兩個小時	ㄌㄧㄤˇ ˙ㄍㄜ ㄒㄧㄠˇ ㄕˊ	liǎnggexiǎoshí	(組)	2時間
兩個鐘頭	ㄌㄧㄤˇ ˙ㄍㄜ ㄓㄨㄥ ㄊㄡˊ	liǎnggezhōngtóu	(組)	2時間
一分鐘	ㄧˋ ㄈㄣ ㄓㄨㄥ	yìfēnzhōng	(組)	1分間
兩分鐘	ㄌㄧㄤˇ ㄈㄣ ㄓㄨㄥ	liǎngfēnzhōng	(組)	2分間

身体の部位

単語	注音	ピンイン	品詞	意味
身體	ㄕㄣ ㄊㄧˇ	shēntǐ	(名)	からだ
頭	ㄊㄡˊ	tóu	(名)	あたま
眼睛	ㄧㄢˇ ㄐㄧㄥ	yǎnjīng	(名)	目
鼻子	ㄅㄧˊ ˙ㄗ	bízi	(名)	鼻
耳朵	ㄦˇ ㄉㄨㄛ	ěrduō	(名)	耳
臉	ㄌㄧㄢˇ	liǎn	(名)	顔
嘴	ㄗㄨㄟˇ	zuǐ	(名)	口
舌頭	ㄕㄜˊ ㄊㄡˊ	shétóu	(名)	舌
牙齒	ㄧㄚˊ ㄔˇ	yáchǐ	(名)	歯
脖子	ㄅㄛˊ ˙ㄗ	bózi	(名)	首
喉嚨	ㄏㄡˊ ㄌㄨㄥˊ	hóulóng	(名)	のど
肩膀	ㄐㄧㄢ ㄅㄤˇ	jiānbǎng	(名)	肩
手臂	ㄕㄡˇ ㄅㄧˋ	shǒubì	(名)	腕
拇指	ㄇㄨˇ ㄓˇ	mǔzhǐ	(名)	親指
食指	ㄕˊ ㄓˇ	shízhǐ	(名)	人差し指

単語	注音	ピンイン	品詞	意味
中指	ㄓㄨㄥ ㄓˇ	zhōngzhǐ	（名）	中指
無名指	ㄨˊ ㄇㄧㄥˊ ㄓˇ	wúmíngzhǐ	（名）	薬指
小指	ㄒㄧㄠˇ ㄓˇ	xiǎozhǐ	（名）	小指
胸	ㄒㄩㄥ	xiōng	（名）	胸
腰	ㄧㄠ	yāo	（名）	腰
肚子	ㄉㄨˋ ·ㄗ	dùzi	（名）	腹
屁股	ㄆㄧˋ ㄍㄨ	pìgu	（名）	お尻
腳	ㄐㄧㄠˇ	jiǎo	（名）	足
腿	ㄊㄨㄟˇ	tuǐ	（名）	もも
膝蓋	ㄒㄧ ㄍㄞˋ	xīgài	（名）	膝
腳跟	ㄐㄧㄠˇ ㄍㄣ	jiǎogēn	（名）	かかと

病気に関する言葉

単語	注音	ピンイン	品詞	意味
不舒服	ㄅㄨˋ ㄕㄨ ㄈㄨˊ	bùshūfú	（組）	（体の）具合が悪い
感冒	ㄍㄢˇ ㄇㄠˋ	gǎnmào	（名）	風邪
發燒	ㄈㄚ ㄕㄠ	fāshāo	（動）	熱が出る
發冷	ㄈㄚ ㄌㄥˇ	fālěng	（動）	寒気がする
頭痛	ㄊㄡˊ ㄊㄨㄥˋ	tóutòng	（形）	頭痛
頭暈	ㄊㄡˊ ㄩㄣ	tóuyūn	（形）	めまい
咳嗽	ㄎㄜˊ ㄙㄡˋ	késòu	（動）	咳
噁心	ㄜˇ ㄒㄧㄣ	ěxīn	（動）	吐き気
胃痛	ㄨㄟˋ ㄊㄨㄥˋ	wèitòng	（組）	胃痛
肚痛	ㄉㄨˋ ㄊㄨㄥˋ	dùtòng	（組）	腹痛
腰痠背痛	ㄧㄠ ㄙㄨㄢ ㄅㄟˋ ㄊㄨㄥˋ	yāosuānbèitòng	（組）	腰と肩が痛い
肩膀痠痛	ㄐㄧㄢ ㄅㄤˇ ㄙㄨㄢ ㄊㄨㄥˋ	jiānbǎngsuāntòng	（組）	肩がこる

単語	注音	ピンイン	品詞	意味
拉肚子	ㄌㄚ ㄉㄨˋ･ㄗ	lādùzi	(動)	下痢
嘔吐	ㄡˇ ㄊㄨˋ	ǒutù	(動)	嘔吐
牙痛	ㄧㄚˊ ㄊㄨㄥˋ	yátòng	(組)	歯痛
鼻水	ㄅㄧˊ ㄕㄨㄟˇ	bíshuǐ	(名)	鼻水
過敏	ㄍㄨㄛˋ ㄇㄧㄣˇ	guòmǐn	(名)	アレルギー

医療関連の言葉

単語	注音	ピンイン	品詞	意味
醫生	ㄧ ㄕㄥ	yīshēng	(名)	医者
醫院	ㄧ ㄩㄢˋ	yīyuàn	(名)	病院
護士	ㄏㄨˋ ㄕˋ	hùshì	(名)	看護士
救護車	ㄐㄧㄡˋ ㄏㄨˋ ㄔㄜ	jiùhùchē	(名)	救急車
藥房	ㄧㄠˋ ㄈㄤˊ	yàofáng	(名)	薬屋
中醫	ㄓㄨㄥ ㄧ	zhōngyī	(名)	漢方医
西醫	ㄒㄧ ㄧ	xīyī	(名)	西洋医

場所代名詞

単語	注音	ピンイン	品詞	意味
這裡	ㄓㄜˋ ㄌㄧˇ	zhèlǐ	(代)	ここ
這兒	ㄓㄜˋ ㄦ	zhèr	(代)	ここ
那裡	ㄋㄚˋ ㄌㄧˇ	nàlǐ	(代)	そこ、あそこ
那兒	ㄋㄚˋ ㄦ	nàr	(代)	そこ、あそこ
哪裡	ㄋㄚˇ ㄌㄧˇ	nǎlǐ	(代)	どこ
哪兒	ㄋㄚˇ ㄦ	nǎr	(代)	どこ

方位と場所

単語	注音	ピンイン	品詞	意味
東	ㄉㄨㄥ	dōng	(名)	東
西	ㄒㄧ	xī	(名)	西
南	ㄋㄢˊ	nán	(名)	南
北	ㄅㄟˇ	běi	(名)	北
上	ㄕㄤˋ	shàng	(名)	上
下	ㄒㄧㄚˋ	xià	(名)	下
裏	ㄌㄧˇ	lǐ	(名)	中、内部
外	ㄨㄞˋ	wài	(名)	外
前	ㄑㄧㄢˊ	qián	(名)	前
後	ㄏㄡˋ	hòu	(名)	後ろ
左	ㄗㄨㄛˇ	zuǒ	(名)	左
右	ㄧㄡˋ	yòu	(名)	右
對面	ㄉㄨㄟˋ ㄇㄧㄢˋ	duìmiàn	(名)	向かい側
旁邊	ㄆㄤˊ ㄅㄧㄢ	pángbiān	(名)	横、そば
兩旁	ㄌㄧㄤˇ ㄅㄧㄢ	lǎingbiān	(名)	両側
中間	ㄓㄨㄥ ㄐㄧㄢ	zhōngjiān	(名)	真ん中

台湾と日本の都市名

単語	注音	ピンイン	品詞	意味
臺灣	ㄊㄞˊ ㄨㄢ	Táiwān	(名)	台湾
臺北	ㄊㄞˊ ㄅㄟˇ	Táiběi	(名)	台北
基隆	ㄐㄧ ㄌㄨㄥˊ	Jīlóng	(名)	基隆
桃園	ㄊㄠˊ ㄩㄢˊ	Táoyuán	(名)	桃園
新竹	ㄒㄧㄣ ㄓㄨˊ	Xīnzhú	(名)	新竹
臺中	ㄊㄞˊ ㄓㄨㄥ	Táizhōng	(名)	台中
嘉義	ㄐㄧㄚ ㄧˋ	Jiāyì	(名)	嘉義
臺南	ㄊㄞˊ ㄋㄢˊ	Táinán	(名)	台南

単語ノート② 日常基本単語

単語	注音	ピンイン	品詞	意味
高雄	ㄍㄠ ㄒㄩㄥˊ	Gāoxióng	(名)	高雄
花蓮	ㄏㄨㄚ ㄌㄧㄢˊ	Huālián	(名)	花蓮
日本	ㄖˋ ㄅㄣˇ	Rìběn	(名)	日本
東京	ㄉㄨㄥ ㄐㄧㄥ	Dōngjīng	(名)	東京
京都	ㄐㄧㄥ ㄉㄨ	Jīngdū	(名)	京都
大阪	ㄉㄚˋ ㄅㄢˇ	Dàbǎn	(名)	大阪
長崎	ㄔㄤˊ ㄑㄧˊ	Chángqí	(名)	長崎
廣島	ㄍㄨㄤˇ ㄉㄠˇ	Guǎngdǎo	(名)	広島
熊本	ㄒㄩㄥˊ ㄅㄣˇ	Xióngběn	(名)	熊本
四國	ㄙˋ ㄍㄨㄛˊ	Sìguó	(名)	四国
新潟	ㄒㄧㄣ ㄒㄧˋ	Xīnxì	(名)	新潟
山形	ㄕㄢ ㄒㄧㄥˊ	Shānxíng	(名)	山形
秋田	ㄑㄧㄡ ㄊㄧㄢˊ	Qiutián	(名)	秋田
福島	ㄈㄨˊ ㄉㄠˇ	Fúdǎo	(名)	福島
仙台	ㄒㄧㄢ ㄊㄞˊ	Xiāntái	(名)	仙台
岩手	ㄧㄢˊ ㄕㄡˇ	Yánshǒu	(名)	岩手
青森	ㄑㄧㄥ ㄙㄣ	Qīngsēn	(名)	青森
北海道	ㄅㄟˇ ㄏㄞˇ ㄉㄠˋ	Běihǎidào	(名)	北海道
沖縄	ㄔㄨㄥ ㄕㄥˊ	Chōngshéng	(名)	沖縄

常用の量詞

単語	注音	ピンイン	品詞	意味
個	˙ㄍㄜ	ge	(量)	個
杯	ㄅㄟ	bēi	(量)	コップ等の容器を数える量詞
盤	ㄆㄢˊ	pán	(量)	大きな皿を数える量詞
碗	ㄨㄢˇ	wǎn	(量)	碗を数える量詞
罐	ㄍㄨㄢˋ	guàn	(量)	缶を数える量詞
瓶	ㄆㄧㄥˊ	píng	(量)	瓶を数える量詞

単語	注音	ピンイン	品詞	意味
隻	ㄓ	zhī	（量）	動物や昆虫を数える量詞
雙	ㄕㄨㄤ	shuāng	（量）	お箸など対になっているのもを数える量詞
張	ㄓㄤ	zhāng	（量）	枚
盒	ㄏㄜˊ	hé	（量）	（小型の）ケース、箱
箱	ㄒㄧㄤ	xiāng	（量）	大型の箱を数える量詞
包	ㄅㄠ	bāo	（量）	包んだ物を数える量詞
籠	ㄌㄨㄥˊ	lóng	（量）	せいろうを数える量詞
份	ㄈㄣˋ	fèn	（量）	…人前・セットを数える量詞

色の名前

単語	注音	ピンイン	品詞	意味
紅色	ㄏㄨㄥˊ ㄙㄜˋ	hóngsè	（名）	赤い色
白色	ㄅㄞˊ ㄙㄜˋ	báisè	（名）	白色
黃色	ㄏㄨㄤˊ ㄙㄜˋ	huángsè	（名）	黄色
綠色	ㄌㄩˋ ㄙㄜˋ	lǜsè	（名）	緑色
藍色	ㄌㄢˊ ㄙㄜˋ	lánsè	（名）	青色
紫色	ㄗˇ ㄙㄜˋ	zǐsè	（名）	紫色
黑色	ㄏㄟ ㄙㄜˋ	hēisè	（名）	黒
粉紅色	ㄈㄣˇ ㄏㄨㄥˊ ㄙㄜˋ	fěnhóngsè	（名）	ピンク
茶色	ㄔㄚˊ ㄙㄜˋ	chásè	（名）	茶色
深色	ㄕㄣ ㄙㄜˋ	shēnsè	（名）	濃い色
淺色	ㄑㄧㄢˇ ㄙㄜˋ	qiǎnsè	（名）	薄い色

台湾ごはん

単語	注音	ピンイン	品詞	意味
魯肉飯	ㄌㄨˇ ㄖㄡˋ ㄈㄢˋ	lǔròufàn	（名）	豚ひき肉の醤油煮込みご飯
地瓜粥	ㄉㄧˋ ㄍㄨㄚ ㄓㄡ	dìguāzhōu	（名）	サツマイモのおかゆ

単語	注音	ピンイン	品詞	意味
擔仔麵	ㄉㄢˋ ㄚˇ ㄇㄧㄢˋ	dànzǐmiàn	(名)	担仔麺
牛肉麵	ㄋㄧㄡˊ ㄖㄡˋ ㄇㄧㄢˋ	niúròumiàn	(名)	牛肉面
蚵仔煎	オアジェィン		(名)	カキ入りのオムレツ。通常蚵仔煎は台湾語でオアジェィンと発音する
炒米粉	ㄔㄠˇ ㄇㄧˇ ㄈㄣˇ	chǎomǐfěn	(名)	焼きビーフン
菜脯蛋	ツァイボウルン		(名)	台湾風の切り干し大根入り玉子焼き。通常「菜脯蛋」は台湾語でツァイボウルンと発音する
魚丸湯	ㄩˊ ㄨㄢˊ ㄊㄤ	yúwántāng	(名)	魚団子スープ
花枝羹	ㄏㄨㄚ ㄓ ㄍㄥ	huāzhīgēng	(名)	イカが入ったとろみのあるスープ
甜不辣	ㄊㄧㄢˊ ㄅㄨˋ ㄌㄚˋ	tiánbúlà	(名)	台湾風さつま揚げのようなもの
臭豆腐	ㄔㄡˋ ㄉㄡˋ ㄈㄨˇ	chòudòufǔ	(名)	豆腐を発酵させたもの
蘿蔔糕	ㄌㄨㄛˊ ㄅㄛ ㄍㄠ	luóbōgāo	(名)	大根餅
肉圓	ㄖㄡˋ ㄩㄢˊ	ròuyuán	(名)	(モチモチ生地に豚肉や椎茸など詰めた蒸し料理)台湾語でバーワン
飯糰	ㄈㄢˋ ㄊㄨㄢˊ	fàntuán	(名)	おにぎり
小籠包	ㄒㄧㄠˇ ㄌㄨㄥˊ ㄅㄠ	xiǎolóngbāo	(名)	小籠包

台湾スイーツ

単語	注音	ピンイン	品詞	意味
鳳梨酥	ㄈㄥˋ ㄌㄧˊ ㄙㄨ	fènglísū	(名)	パイナップルケーキ
珍珠奶茶	ㄓㄣ ㄓㄨ ㄋㄞˇ ㄔㄚˊ	zhēnzhūnǎichá	(名)	タピオカティー
愛玉冰	ㄞˋ ㄩˋ ㄅㄧㄥ	àiyùbīng	(名)	愛玉の実から作ったゼリー
雪花冰	ㄒㄩㄝˇ ㄏㄨㄚ ㄅㄧㄥ	xuěhuābīng	(名)	きめの細かい粉雪のようなかき氷
豆花	ㄉㄡˋ ㄏㄨㄚ	dòuhuā	(名)	豆乳のデザート
豆漿	ㄉㄡˋ ㄐㄧㄤ	dòujiāng	(名)	豆乳
米漿	ㄇㄧˇ ㄐㄧㄤ	mǐjiāng	(名)	ピーナツと米で作られた飲み物

＜著者プロフィール＞

◆ **小道迷子**〈こみち・めいこ〉
山梨県生まれ。漫画家。
好きなものは「台湾人の人情」、好きな食べ物は「朝取りの枝豆」。
近著に『こんにゃんでぃ～ぶんか』（講談社刊）、『中国人女子と働いたらスゴかった』（幻冬舎刊）など。

♠ **渡邉豊沢**〈わたなべ・ほうたく〉
台北出身。上智大学経済学部経営学科卒。現在、"CoCo外語"（東京都国立市）にて、台湾華語・台湾語・中国語講師を務める。
趣味は「お寺参り・お寺巡り」。
著書に『小道迷子の中国語に夢中』『小道迷子の発音しませんか』『小道迷子の台湾ではじめよう中国語』（以上共著・小社刊）、『台湾てんこもり』（まどか出版刊）、『チャンさん家の簡単台湾ベジごはん』（ソフトバンククリエイティブ刊）など。

※本書漫画編の各話見開き漫画は、日本と台湾で同時発行されているフリーペーパー『な～るほど・ザ・台湾』（台湾文摘股份有限公司刊）にて2012年12月～2014年11月に連載された漫画を改編して収録しました。

小道迷子の知ってトクする台湾華語

2015年9月10日　第1刷発行

著　者―渡邉豊沢／小道迷子
発行者―前田俊秀
発行所―株式会社三修社
　　　　〒150-0001
　　　　東京都渋谷区神宮前2-2-22
　　　　Tel. 03-3405-4511
　　　　Fax. 03-3405-4522
　　　　振替 00190-9-72758
　　　　http://www.sanshusha.co.jp/
　　　　編集担当　北村英治
印刷・製本　倉敷印刷株式会社

© 2015 HOUTAKU WATANABE. MEIKO KOMICHI　Printed in Japan
ISBN978-4-384-05826-0 C0087

Ⓡ＜日本複製権センター委託出版物＞
本書を無断で複写複製（コピー）することは、著作権法の例外を除き、禁じられています。
本書をコピーされる場合は事前に日本複製権センター＜JRRC＞の許諾を受けてください。
JRRC（http://www.jrrc.or.jp mailto:e-mail%3Ainfo@jrrc.or.jp　電話 03-3401-2382）